いま学校に必要なのは人と予算

少人数学級を考える

山﨑洋介
ゆとりある教育を求め全国の教育条件を調べる会

新日本出版社

目　次

はじめに──ゆとりある教育のために　5

第1章　少人数学級制実現の意義とその現実　9
　1　学級規模を小さくすることの意義　10
　2　学級編制はどう決まる？　12
　3　自治体ごとに違う少人数学級制の姿　22

第2章　現在の少人数学級制のしくみから考える現場での問題点　33
　1　教職員の標準定数と増学級　34
　2　「担任外」の分を学級担任に　36
　3　学校への教職員配当基準を切り下げる　44
　4　職種、校種を超えた教職員給与の「流用」　50
　5　基礎定数の転用による学校現場への影響　53
　6　国庫加配定数の活用　54

第3章　教師を増やす予算もつける少人数学級制実現のために　63
　1　「学級編制の最低基準」にする　64
　2　「乗ずる数」を改善する　77
　3　国庫加配定数は基礎定数に　85

第4章　臨時教職員の問題とは何か　93
　1　非正規・再任用教職員の増やされ方　96
　2　教育現場に何をもたらしているか？　99
　3　なぜ増やされているのか？　102

4　問題の解決のためには？　112

第5章　学校ブラック化の背景をさぐる　115
　　1　大阪の例から　116
　　2　定数削減の政府の主張を考える　127

第6章　義務教育を支える財政のしくみ
　　　　──教職員給与費は多すぎるか？　135
　　1　教職員給与費を国が支える意味　136
　　2　義務教育費国庫負担制度のこれまで　142
　　3　「地方分権」政策で国と地方の負担額はどう変わった？　149
　　4　国庫負担制度と地方自治をめぐって　158

第7章　教育財政保障制度の歴史に学ぶ　163
　　1　明治以来の歴史が示すもの　164
　　2　国庫負担法の復活　167

終　章　教育費を増やすには
　　　　──真の教育無償化をめざして　171

　資料──先生の基礎定数と現実のギャップを調べてみる　189

　あとがき　202

　　　　　　　　　　　　　　　　　　　　イラスト　澤真紀

はじめに──ゆとりある教育のために

　子どもは、保護者にとって大変いとおしい、大切なものであるとともに、多くの国民にとっても地域の宝、未来への希望となる貴重な存在です。ですから、そんな子どもたちの健やかな成長のために、学校教育への期待が高くなるのは当然のことでしょう。
　ところが、いじめや自殺、不登校・登校拒否などの問題がたびたび報道され、保護者のみならず多くの国民が、今の学校教育が正常に機能しているのかどうか不安を感じています。これまで政府や多くの教育関係者によって様々な「教育改革」がとりくまれてきたにもかかわらず、教育が改善されたという実感を、なかなかもつことができない状況です。
　また、少子化が進行し、人口減少と少子高齢化による労働力や納税など社会の担い手不足が懸念され、地方では急速な学校統廃合が進められるなど、まるで世の中全体が先細りしてしまうかのような将来への不安が日本社会を覆っています。
　学校現場では、その中心的な役割を担っている教員たちが多忙すぎると指摘されています。OECD（経済協力開発機構）の2013年調査結果[1]によれば、日本の中学校教員の1週間あたり労働時間は53.9時間で、34加盟国・地域の平均38.3時間に比べ15.6時間も多く、突出した1位となっています。また、2016〔平成28〕年の文科省の勤務実態調査[2]でも、「過労死ライン」と呼ばれる月80時間を超えて残業した教員が、小学校で33.5パーセント、中学校で57.7パーセントにのぼりました。
　学校現場の実態は、教員が多忙すぎて、子どもがいじめられていても、40人近くいる児童生徒を前にそのことに充分気づけない、気づいても対応しきれない状況、子どもが授業の内容を理解しきれないでいても、わかるまで充分に教えることができない状況となってしまっているのです。それは、教員の努力や工夫、愛情や熱意の不充分さというより、教職員配置や教育予算な

ど教育条件の不充分さによるものだといえるでしょう。

　子どもたちのためにと献身的に教育にうちこむ中、多くの教職員が長時間過密労働、過度なストレスなどによって心身を病み、過労による病気や早期退職、自殺も増えています。また、臨時教職員が増やされ、学校現場にも非正規化、パート化が急速に進められています。そうした中、教員志望者は減る傾向にあり、教員不足のため一定期間、学級担任や教科担任が配置されないケースが各地で生じています。

　では、今の教育現場に必要とされているものは何なのでしょうか？
　2015（平成23）年に行われた大規模な全国教員アンケート[3]の結果によると「現在、国が進めている（進めようとしている）次の教育改革や取り組みについて、あなたのご意見をお聞かせください」という質問に対する教員の回答で「賛成」が最も多かったのは、「学級定員の少人数化」でした。小学校教員81.3パーセント、中学校教員74.3パーセント、高校教員63.3パーセントが「賛成」で、「どちらかといえば賛成」の回答を加えれば、小96.5パーセント、中96.4パーセント、高94.6パーセントと圧倒的支持です。「ICT（情報通信技術）を活用した教育の推進」「学制（6―3―3制）の改革」「道徳の教科化」といった政府が進めようとしているその他の「教育改革」施策には、積極的な賛成がほとんど見られません。教育現場は、なにより少人数学級制の実施を切望しているのです。

　教員たちは、「ブラック労働」とさえ表現される勤務状況の改善のためにも、指導困難を極めている様々な教育諸課題へのていねいな対応のためにも、まずは少人数学級制により正規の教職員を増やして、教育条件の改善を図ることがどうしても必要だと感じているのです。その願いは、きめ細かくていねいな教育、ゆとりある教育を求める保護者や多くの国民の要求とも一致し、大きな世論となっています。そして、少人数学級制実現・拡大を要求する運動が、教職員と保護者、国民の共同したとりくみとして進められてきました。その結果、各地で自治体独自の少人数学級制を実現させ、その力が実って、

2011（平成23）年、ついに小学校1年の35人学級が実現しました。しかし、そこから先の進展がほとんどありません。また、地方による少人数学級制には、様々な解決すべき問題もあります。

　この本は、少人数学級制を実現・拡大し正規教職員を増やしていくために、まずその現状と制度のしくみについて分析し、改善の方向を提案します。そして、様々な教育困難を解決し、少子化をも克服可能にする教育条件の抜本的改善、教育無償化の実現を達成する制度のあり方について考えていきたいと思います。

　この本をお読みいただいた方々が少しでも学校教育の現状について理解を深め、未来の教育の姿を展望していただければ幸いです。私たち「ゆとりある教育を求め全国の教育条件を調べる会」（以下、「調べる会」）は、そうした読者のみなさんと共に、調べ、考え、議論をし、試行錯誤しながら、この国の教育の未来をひらいていきたいと願っています。

　本書において取り扱うデータの中心年度は2015（平成27）年度のものです。2017（平成29）年7月現在で、決算報告が行われている最新の年度です。最新のデータをお知りになりたい方は、「調べる会」ホームページをごらんください。

　また、本書において「教職員」という時、基本的には給与費が国庫負担の対象とされているすべての職種全体を指しています。「教員」という時は、校長を除く教頭（副校長）、教諭、主幹教諭、指導教諭、講師、非常勤講師などの職種を指しています。また、「公立義務教育諸学校」とは、小学校、中学校、中等教育学校前期課程、特別支援学校の義務制部分（小学部・中学部）の総称です。

第 1 章　少人数学級制実現の意義とその現実

1　学級規模を小さくすることの意義

　教育現場では、なぜ少人数学級制が望まれているのでしょうか？
　2014（平成 26）年の OECD の国際調査[4]などによると、日本の公立小中学校の平均学級規模は 27 人（OECD 平均 21 名）で、加盟国 35 カ国中 2 番目に多いものです。2015（平成 27）年度学校基本調査によると、普通学級（特別支援学級を除く）のうち小学校で約 9 パーセント、中学校で約 29 パーセントが 36 人以上の学級です。これが 31 人以上の学級となると、小学校で約 37 パーセント、中学校で約 72 パーセントもあり、多人数の学級は無視できない割合であることがわかります。
　多くの国において、学校は基本的に学習集団です。しかし、日本の教育においては、学級は学習集団であるとともに、生徒指導、学校行事、学校経営の基礎的な集団ととらえられてきました。そのため日本の教員には、教科の学習指導だけでなく、多様な個性や能力を持つ子どもたちを集団としてまとめる学級づくりが期待され、学級集団の生活や活動を通じての生徒指導、保護者対応等も担ってきました[5]。
　ですから、子どもたち一人一人の個性や能力などに対応した、きめ細かくていねいな教育を行うためには、学級に在籍する児童生徒数を適正な規模にすることが、基本的な教育条件として必須であるといえます。事実、先行して少人数学級制を実施した自治体からは、教育活動の基礎的な学習生活集団である学級の規模が小さくなったことにより、児童生徒の授業への集中度や不登校児童の出現率などに改善がみられたなどの実証的研究結果もいくつか報告されています。
　また、少人数学級は、教員の授業や指導場面での創意工夫と意欲を高め、子どもの状況と課題に対応した授業や指導を展開でき、個別学習やグループ

討議・作業など協働型の学習など多様な形態を採ることが可能になるなど、質の高い学びを創造するための条件として機能していることも報告されています[6]。少人数学級制を実施した教育現場からは、基本的に教育効果を実感する歓迎の声や、継続、拡大を望む声が上げられています。

ですから、すべての子どもたちに確かな基礎学力をつけることはもちろん、いじめや不登校などの課題に対応し、健やかに成長させていくためには、その前提として少人数学級制の実施・拡大など教育の諸条件を改善していくことが必要です。

各地の運動の中で

では、そうした教育現場の声にもかかわらず、どうして政府は本格的な少人数学級制の実施・拡大をかたくなに拒み続けるのでしょうか？　それは、少人数学級制を実施するためには、1クラスの人数を減らすと、それに伴って学級数が増えるので、そのための教員を増やさなければなりません。すると、そのための教職員給与費を支出するための多額の予算を必要とするからです。

これまでも長い間、ゆとりある教育の実現のために、学校の教職員と保護者、国民が力を合わせて、少人数学級制実現・拡大を要求する運動が各地でとりくまれてきました。1学級の児童生徒数の上限人数は、50人（1958〔昭和33〕年）から45人（1963〔昭和38〕年）へ、そして40人（1980〔昭和55〕年）へと改善され、現在は小1のみ35人（2011〔平成23〕年）が実現しています。そのたびに学級が増やされ、そのために必要な教室や教職員が増やされ、教育予算が増やされて、教育条件が向上してきました。

しかし、これをさらに少人数化するには、教職員給与費のために多額の予算が必要となります。そのため、政府のみならず自治体も、少人数学級制の教育的効果に期待はしても、財政難のため、その実施にはとても慎重で消極的です。少人数学級制の実現・拡大のためには、この財政のカベを乗り越える必要があります。この章では、まず学級はどのように編制されるか、教職員はどのように配置されるかといった制度について知るとともに、その財政

のしくみについても知り、考えていきたいと思います。

　国が本格的な少人数学級制の実現になかなか腰を上げようとしない中、教職員や保護者・市民が力を合わせて、地方自治体による様々な少人数学級制を実現させてきました。それらは、保護者や子どもたちからも歓迎され、先進的な地方教育政策だと評価をされています。しかし、当の教育現場の教職員たちからは、「こんなはずじゃなかった」という戸惑いの声が聞こえてくることがあります。教職員や保護者・市民が力を合わせてようやく実現させたというのに、いったい、何が起こっているのでしょうか？

　実は、「少人数学級制」とはいっても、学級を増やしても教員は増やそうとしない、また増やしても身分の不安定な臨時教職員であったりと、「安上がりな少人数学級制」で実施される場合が少なくありません。教員が様々な理由で多忙化している中、学級数が増えても教員が増えなければ、その結果、少人数学級制が拡大するほど教育現場には矛盾が拡大する場合があるのです。地方による少人数学級制を実現すれば、教育活動にゆとりが生まれるはずと期待していた方々の中には、その違和感をどう説明したらよいのか、どう改善すればよいのかわからないまま、あきらめておられる方も多いのではないかと思います。

　この本では、地方による少人数学級制の実施によって生まれている新たな矛盾の正体をつきとめ、その解決のためにはどう改善をはかればよいのかについても考えていきたいと思います。

2　学級編制はどう決まる？

教育機会を保障するしくみ

　それでは、学級や教職員などの様々な教育条件がどのように決められているのかを見ていきましょう。そのためにまず注目すべきなのは、**学級編制の**

しくみです。なぜなら、編制される学級の数が、基本的な教職員定数を決定するので、**教職員給与費負担**の算定に大きな影響を与えることになるからです。学級数の増減が、すなわち教職員数と教職員給与費の増減につながる制度となっているのです。

　ですから、学級を編制するときの1学級の児童生徒の上限人数を何人に設定するかが重要になってきます。例えば、小中学校の単式（1つの学年の児童生徒で構成される）普通学級（特別支援学級ではない）の場合、上限人数が「40人」であれば、同学年40人の場合、学級編制は上限いっぱい40人の1クラスです。しかし41人以上の学級を編制することはできないので、同学年に在籍する児童生徒が41人の場合は20人と21人の2クラスに、81人の場合は27人ずつの3クラスに……と編制されてきました。その上限人数が「30人」に設定されると、31人以上の学級編制はできないので、たとえば同学年31人なら15人と16人の2クラスに、40人なら20人ずつの2クラスに編制されることとなります。つまり、学級編制上限人数を少人数化すると1クラスあたりの児童生徒の数が減ると同時に、学級数が増え教職員と教育費が増やされて教育条件が改善されるわけです。

　つまり、教職員定数は児童生徒数ではなく学級数によって算定されます。このことは、大変大きな意味を持っています。小さな学校においては、2つの学年で1つのクラスにする場合（複式学級）の上限人数が決められています（14ページ）。児童生徒数が少なくても、学年に応じた教育が行われるようにするためです。

学級編制　1学年の児童、生徒を一定の基準に従って学級に分割組織すること。新聞等では「編成」の字が用いられることが多いが、法律上は「編制」。
教職員給与費負担　地方自治体の重い教育費負担を緩和し、地域間の財政力格差を是正するために、各都道府県が負担する教職員の給与等の1/3は、国が負担する。残りとなる2/3は、地方交付税交付金を含む都道府県の一般財源で負担されることとなっている。

しかし、教職員定数が学級数ではなく児童・生徒数によって算定されることとなったら、過疎地など子どもの数が少ない地域の小規模校では、学校を存立させる財政基盤が成り立たなくなってしまいます。そうなれば、大がかりな学校統廃合を引き起こすこととなるでしょう。この制度は日本全国の子どもに平等な教育の機会を保障する上で大きな役割を果たしてきたといえるのです。

学級の子どもの人数の上限は法律で

このように、日本の教育財政制度において、学級編制数が教職員数や教職員給与費の算定に影響を与える基本的な役割を担っているため、学級編制における児童生徒上限人数をめぐって、国民と政府の間にせめぎ合いが行われてきました。その際、制度改善をめぐり焦点となった法律が、この学級の編制のルールなどを定めている「公立義務教育諸学校の学級編制及び教職員定数の標準に関する法律」(以下、**義務標準法**)です。2017(平成29)年現在の義務標準法は、義務教育諸学校の学級編制の上限人数の標準(=**学級編制標準**)を次のように定めています(第3条2項、3項)。

「小中学校」
同学年で編成する学級…小学校1年35人、同2～6年40人、中学校40人
複式学級(2学年)…小学校は16人(1年生を含む場合8人)、中学校8人
特別支援学級…小学校8人、中学校8人

義務標準法 正式名は「公立義務教育諸学校の学級編制及び教職員定数の標準に関する法律」。第1条(目的)には、「この法律は、公立の義務教育諸学校に関し、学級規模と教職員の配置の適正化を図るため、学級編制及び教職員定数の標準について必要な事項を定め、もって義務教育水準の維持向上に資することを目的とする」とある。

学級編制標準 国が定める、学級(クラス)を編制するときの1学級の上限人数の標準。

特別支援学校（小・中学部）
6人（重複障害3人）

学級編制の実際の権限は市町村に

とはいえ、実際の学級編制事務を行う権限を持つのは、国ではなく各市町村です（第4条）。それは、教育行政においても、**地方自治**の原則が貫かれており、民意の直結する市町村が義務教育の責任を負うという制度となっているからです。

義務標準法では、上記の数を「標準」として都道府県教育委員会が**学級編制「基準」**を定め、市町村教育委員会はその都道府県学級編制「基準」に基づいて学級編制をすることになっています。しかし、この学級編制「標準」「基準」は、実際に各市町村が編制する際の学級の上限人数設定をしばりつけるものではありません。ですから、たとえば市町村や都道府県が独自に学級編制の上限人数を少人数化して学級を増やすことも可能です[7]。

そのため、市町村によって実際に編制された学級数（＝**実学級数**）と義務標準法の学級編制標準どおり編制した場合の学級数（＝**標準学級数**）は一致せず、差が生じます。この差を増学級数と呼ぶことにします。式に表すと次のようになります。

実学級数－標準学級数＝増学級数

地方自治　国の中に存在する地域・地方の運営について、地方の住民の意思に基づき行うこと。

学級編制基準　都道府県が学級を編制するときの1学級の上限人数の「基準」。義務標準法が定める学級編制標準を「標準」として、都道府県が定める。ただし条例で定められていない場合が多い。

実学級数　市町村によって実際に編制された学級数のこと。文科省の「学校基本調査報告書」により統計化されている。

実学級数については、文部科学省（以下、文科省）が、「学校基本調査報告書」により公表しています。標準学級数については、都道府県教育委員会が文科省に報告書を提出しています。「調べる会」は、文科省に情報公開請求して手に入れたこの報告書と、学校基本調査報告書をつき合わせて、全国の増学級の状況を調べてみました。全都道府県の実学級数と標準学級数のそれぞれの合計と、その比率（実学級数÷標準学級数＝増学級率）を表したものがグラフ１です。

　このグラフからは、児童生徒数の減によって標準学級数の減少が続く中、全国の自治体により実際に編制された実学級数は、法の定めた学級編制標準による標準学級数を大きく上回って増やされており、増学級率が年々高まっていることがわかります。

地方による少人数学級制の実施と増学級

　では、自治体によるこのような増学級はなぜ行われたのでしょうか？　その大きな要因は、国民の強い願いと政府の**学級編制弾力化**方針によるものと考えられます。

　長年の粘り強い運動により、少人数学級制実現を求める声が国民世論といってもよいほどの盛り上がりをみせた2001（平成13）年の国会は「教育国会」と呼ばれました。民主、共産、社民の３野党は共同で学級編制標準を30人に少人数化する法案を提出しましたが、「国と地方の深刻な財政状況の

　　標準学級数　義務標準法に定められた学級編制標準どおりに編制した場合の学級数の理論値のこと。「標準学級数に関する報告書」により都道府県教育委員会が文科省に報告している。
　　学級編制弾力化　義務標準法の学級編制標準や都道府県教委が決める学級編制基準を最低基準として解釈するのではなく、一定の幅をもったものとする解釈の変更をめざすもの。

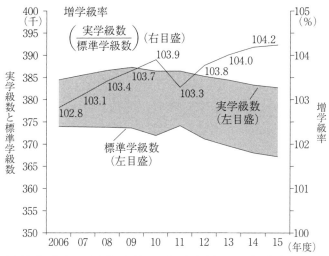

グラフ1　公立小中学校の実学級数と標準学級数 (総数と比)

(出典)「学校基本調査」「標準学級に関する報告書」より山﨑が作成

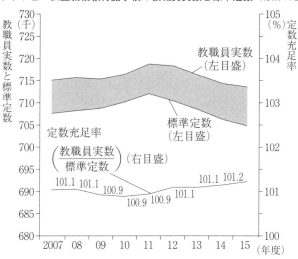

グラフ2　公立義務教育諸学校の教職員実数と標準定数 (総数と比)

(出典)「教職員実数調」「教職員定数算定表」より山﨑が作成

中で少人数学級を実現することは容易ではない」とする自民、公明、保守、自由党の反対で否決されました。

その対案として森喜朗政権（当時）は、国民の望む学級編制標準の少人数化を行うのではなく、学級編制の弾力化を行うといって義務標準法改正を行いました。その内容は、学級編制標準は40人のまま、また教職員給与費を**国庫負担**としないまま、都道府県や市町村が独自に増学級して少人数学級編制を行いやすくするように法改正を行おうとするものでした。これは、国による財政保障を行うことなく、国民の願う少人数学級制実施の責任を地方自治体にゆだねるものでした。

その結果、「市町村や都道府県による柔軟な学級編制が可能になった」と宣伝される中、「国の制度改正がダメなら、まずは自治体独自の少人数学級制実現を」とする世論が形成され、地方による様々なかたちの学級編制ルールによる「少人数学級制」として広がりを見せるようになりました。

それらは、「信州少人数教育推進事業」（長野）、「静岡式35人学級」（静岡）、「かがやき30プラン」（山梨）などと名付けられ、自治体のホームページなどには少人数学級制と紹介されています。しかし、都道府県の学級編制「基準」そのものを少人数化している県は少なく、それを条例化している自治体はありません。また、学級編制「基準」は40人のままで、ある条件を満たした一部の学校でのみ30〜35人学級編制しているところも多いのです。それらは「制度」というよりは、自治体の予算措置により実施されている「単年度事業」にすぎませんから、次年度の予算がつかなければ後退や廃止

国庫負担 国から地方自治体などに対する補助金のひとつで、社会保障、義務教育など国が一定の責任を持つとされる事務事業に支出するもの。いかなる経費についても使用できる地方交付税などの一般財源と違い、負担金は支出目的以外の使用は認められない特定財源である。義務教育費国庫負担法により、義務教育諸学校の教職員給与費の実支出額の1/3の国庫負担金が都道府県に対し補助されている。

もありうる不安定なものです。文科省もそれらを公文書では「少人数学級制」とは呼ばず、「学級編制弾力化による柔軟な学級編制」と呼んでいます。つまり、地方による少人数学級制とは、制度の骨格を変えないまま実施されている「運用」の形態なのです。

　その後、国民の粘り強いとりくみが続けられ、他方で「少人数学級制の推進」を公約とした民主党等への政権交代が実現し、2011（平成23）年度にようやく小１のみ学級編制標準が35人に少人数化されました。グラフ１の標準学級数が2011（平成23）年度に一時的に増え、その分増学級率が低下しているのは、このことによるものです。しかし、2012（平成24）年末の自民・公明の連合政権への政権交代後、小２以降への35人学級の拡大は行われず、これ以降も学級編制の弾力化がさらに進められ、2017（平成29）年現在まで継続されています（この間の経過については第３章でさらにくわしく説明します）。

学級数が増えたものの教職員数が増えていない場合も

　では、教育現場が期待していた通りに、地方による少人数学級制の増学級によって教職員数は増やされているのでしょうか？

　義務標準法は、都道府県ごとに置くべき義務教育諸学校の教職員の総数を定めています（第６条）。これを**教職員標準定数**（以下、標準定数）といいます。この定数は実学級数ではなく、標準学級数を基礎にして算定されます。各都道府県費により実際に配置された教職員の数（＝**教職員実数**）とは一致しません。その関係を式に表すと次のようになります。

　教職員実数 − 標準定数 ＝ 増教職員数

> **教職員標準定数**　国が定めた各都道府県の公立義務教育諸学校に配置するべき教職員総数の標準（義務標準法第６条）。「教職員定数算定表」により各都道府県教育委員会から文科省に報告されている。

第１章　少人数学級制実現の意義とその現実　19

グラフ２（17 ページ）は全都道府県の義務制教職員実数（５月１日現在の小中学校、特別支援学校義務制部分）と標準定数、そして標準定数充足率（教職員実数÷標準定数）をグラフ化したものです。

　グラフ２からは、ゆるやかに増加していた標準定数と教職員実数が、小１年 35 人学級化された 2011（平成 23）年度をピークに減少し続けていることがわかります。一方、都道府県の定数充足率は、ほぼ 100 〜 101 パーセント程度で推移し、あまり大きな変動がないものの、年々下がりつつあった充足率が 2011（平成 23）年度以降上昇に転じ、2012（平成 24）年以降徐々に上昇し続けていることがわかります。

　グラフ１と比較してみると、増学級数に対し、増教職員数の幅が狭くなっており、増学級数に対し相応の教職員数が増やされていないことがわかります（ただし、教職員実数は特別支援学校を含んでいる）。

　グラフ３を見てください。このグラフでは地方による少人数学級制がちゃんと小中学校の教員数を増やしているかを検討するために、小中学校の増教員数を小中学校増学級数と比較してみました。増教員数は増学級数と比べ、大幅に少ないことがわかります。2015（平成 27）年度でみてみると、全国の小中学校で合計１万 5550 学級が増学級となっていますが、増教員数は約半分の 8612 名です。

　学級を増やせば、その学級を担任する教員も当然必要になってくるはずなのに、地方自治体は、どのようにして少人数学級制を実施し、必要な教員を確保しているのでしょうか？　都道府県によって、あるいは市町村によってその方法は様々です。その具体像を追ってみましょう。

　教職員実数　都道府県費で実際に任用された義務教育教職員の数。「教職員実数調」により５月１日現在の実数が都道府県教育委員会から文科省に報告されている。

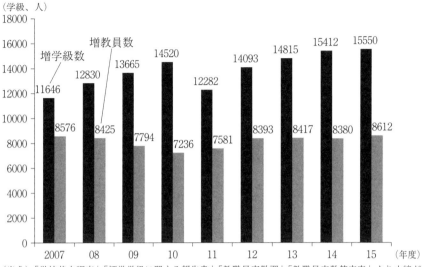

グラフ3　公立小中学校の増学級数と増教員数の比較

(出典)「学校基本調査」「標準学級に関する報告書」「教職員実数調」「教職員定数算定表」より山﨑が作成

コラム　教育における地方自治

　戦後の日本の教育行政には、憲法の国民主権と地方自治の原則が貫かれています。それは、戦前の国家主義的な教育が日本を悲惨な戦争へと導いてしまったという深い反省から、国家が教育へ不当な介入をすることを許さないための制度として成立しました。

　地方自治とは、国の中に存在する地方の運営について、地方の住民の意思に基づき行うことをいいます。国は公正で普遍的な統治のため、国全体の運営について画一的、均一的運営を行うことが求められますが、地方の実情や地方における住民からの要望は各地方によって様々であることから、これらをすべて同一に運営することは不可能で、地方の運営に当たっては地方の独自性を考慮する必要が生じます。

　そこで、地方の総合的な運営は地方に委ね、国は国家にかかわる根幹

的な事柄を担当し、国家全体の総合的な調整を図るという、国と地方の役割分担がなされることになります。ある意味では、地方自治とは、国による統治に対立する側面を有していることになります[8]。

　教育行政においても、地方自治体が国の定める「標準・基準」を上回ること（少人数学級など）は当然のことです。しかし、反対に下回ること（標準定数を満たさない教職員配置など）は、果たして適正な地方自治の発揮といえるのでしょうか。また、それらの結果生じる地方自治体間の教育条件の格差は、教育の機会均等上容認できるものなのか、国がそれを是正するために「標準・基準」に従うよう指導を行うことは、地方自治に対する介入にあたるのかといった問題が常に議論されてきました。

　こうした教育行政における地方自治発揮のあり方の問題は、本書を貫く大きなテーマのひとつです。政府の「地方分権」「弾力化」政策による学級編制や教職員配置における地方のとりくみの違いとその格差をどうみるか、国と地方の役割とそのあり方をどう考えるか等について、教育条件向上を図る立場から、データや実態を通して考察をしていきたいと思います。

3　自治体ごとに違う少人数学級制の姿

　ここにとりあげる3つの自治体は、調べる会が学習会の講師として招かれた自治体です。それぞれの自治体について、詳しくデータを分析し、地元の方たちと議論をすることによって見えてくることがたくさんありました[9]。

3つの自治体それぞれのケース

　長野県は、教育熱心な県民世論を背景に、市町村と県が協力しあうかたち

で少人数学級制を発展させ、全国でも少人数学級制に積極的な自治体の1つとして知られています。義務標準法改正の翌年の2002（平成14）年、田中康夫知事時代に「事実上の30人学級」（制度としては「35人学級」）と名付けて、全国に先駆けて小学校1年生について少人数学級制を実施しました。それ以降年々拡大し、2017（平成29）年度現在は小1～6、中1～3で35人学級を実施しています（図表1、グラフ4）。そのため、2011（平成23）年度からは中学校における増学級数も多くなり、2015（平成27）年度には小中合計で595学級を増やしています（グラフ4、図表1）。

徳島県では、2003（平成15）年、少人数学級実現を公約した飯泉嘉門（いいずみかもん）知事が当選し、県独自の小学校1年生での「少人数学級制」が始められました。それ以降、徐々に拡大し、2017（平成29）年度現在では小1～6、中1で35人学級制を実施しています。2015（平成27）年度では、小中合計で199学級を増やしています（図表2、グラフ5）。

東京都は、他のほとんどの道府県と違い、児童生徒数が増加傾向にある自治体で、学級数も増え続けています。そして、他の道府県に比べ少人数学級制には消極的な自治体でした。地方による少人数学級制を導入した都道府県としては全国では最も遅く2009（平成21）年度に小1・中1で39人学級を導入しました。その後、都独自の少人数学級は、徐々に39人→37人学級へと拡大させました。そのためか2011（平成23）年度まではほとんど増学級が見られず、実学級数が標準学級数を下回る年もありました。2012（平成24）年度には小2での35人学級（国の方針58ページ参照）が始まり、2014（平成26）年度には中1での35人学級制が始まって、2015（平成27）年度には小中合計で455学級を増学級するに至っています（図表3、グラフ6）。

全国的な増学級率と増教職員率

以上、長野県、徳島県、東京都の増学級数で比較してみましたが、全国の状況を見てみましょう。自治体により児童生徒数、学級数が違いすぎるため、2015（平成27）年度の全都道府県の増学級率（実学級数÷標準学級数）で比較

図表1　長野県の少人数学級制

	小1	小2	小3	小4	小5	小6	中1	中2	中3
2002（H14）年度	◎								
2003（H15）年度	◎	◎	◎						
2004（H16）年度	◎	◎	◎	△	△	△			
2005（H17）年度	◎	◎	◎	◎	△	△			
2006（H18）年度	◎	◎	◎	◎	△	△			
2007（H19）年度	◎	◎	◎	◎	△	△			
2008（H20）年度	◎	◎	◎	◎	△	△			
2009（H21）年度	◎	◎	◎	◎	◎	◎			
2010（H22）年度	◎	◎	◎	◎	◎	◎			
2011（H23）年度	◎	◎	◎	◎	◎	◎	○		
2012（H24）年度	◎	◎	◎	◎	◎	◎	○	○	
2013（H25）年度	◎	◎	◎	◎	◎	◎	○	○	○

◎＝35人基準で「30人規模学級編制」
△＝希望市町村との協働事業（市町村から協力金）
○＝少人数指導のための加配（「学級」と「指導」の選択）
（出典）長野県HP等より山﨑が作成

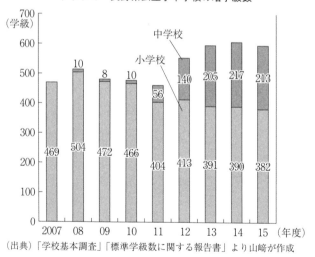

グラフ4　長野県公立小中学校の増学級数

（出典）「学校基本調査」「標準学級数に関する報告書」より山﨑が作成

図表2　徳島県の少人数学級制

	小1	小2	小3	小4	小5	小6	中1	中2	中3
2002（H14）年度									
2003（H15）年度	○								
2004（H16）年度	○	○							
2005（H17）年度	◎	◎							
2006（H18）年度	◎	◎							
2007（H19）年度	◎	◎							
2008（H20）年度	◎	◎					◎		
2009（H21）年度	◎	◎					◎		
2010（H22）年度	◎	◎					◎		
2011（H23）年度	●	◎	◎				◎		
2012（H24）年度	●	◎	◎	◎			◎		
2013（H25）年度	●	◎	◎	◎	◎		◎		
2014（H26）年度	●	◎	◎	◎	◎	◎	◎		

●＝法改正による小1の35人学級
◎＝国の方針による加配定数を使っての35人以下学級
○＝徳島県独自措置での35人学級「いきいき学校生活応支援プラン」
（出典）徳島県HPなどより山﨑が作成

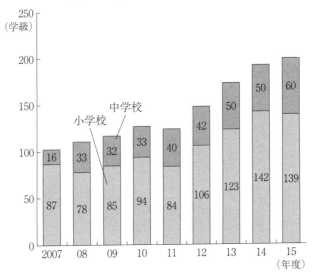

グラフ5　徳島県小中学校の増学級数

（出典）「学校基本調査」「標準学級に関する報告書」より山﨑が作成

図表3　東京都の少人数学級制

2012（H24）年度より 小２　35人以下学級（T・Tまたは少人数指導を選択）
2014（H26）年度より 中１　35人以下学級（T・Tまたは少人数指導を選択） ＊学年２学級以上で、１学級の平均生徒数が35人を超える学年

（出典）東京都HPなどより山﨑が作成

グラフ6　東京都小中学校の増学級数

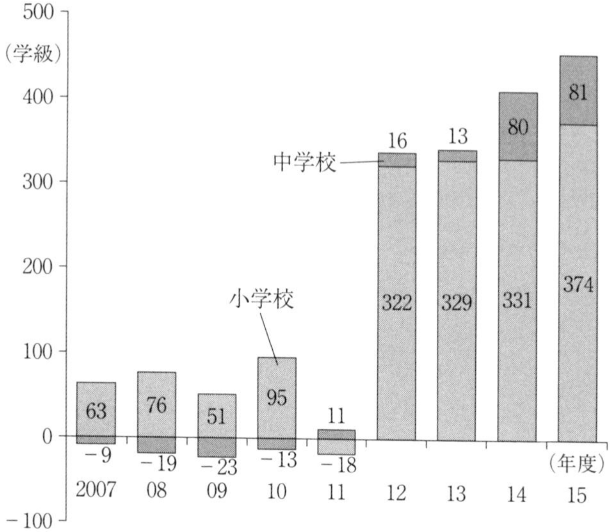
500
（学級）
400
300
200
100
0
－100
中学校
小学校
63
76
51
95
11
322
329
331
374
－9
－19
－23
－13
－18
16
13
80
81
2007
08
09
10
11
12
13
14
15
（年度）

（出典）「学校基本調査」「標準学級に関する報告書」より山﨑が作成

してみます（グラフ7）。

すべての都道府県が標準学級数以上の学級編制をしており、増学級していることがわかります。増学級率が一番高いのは福島県で113.3パーセントでした。福島県は、2011（平成23）年の震災以前から少人数学級制に大変積極的な県であり群を抜いています。

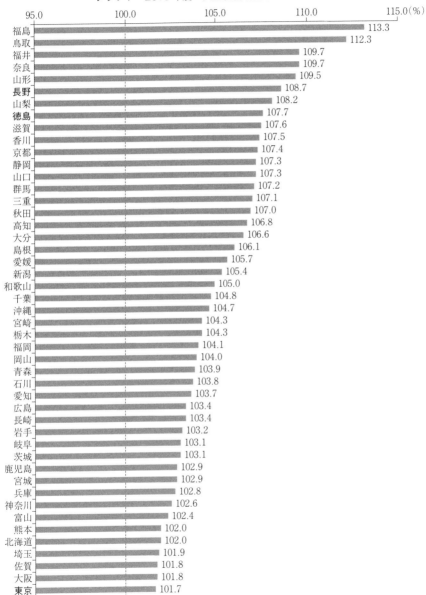

グラフ7　2015年度　公立義務制諸学校の増学級率

福島	113.3
鳥取	112.3
福井	109.7
奈良	109.7
山形	109.5
長野	108.7
山梨	108.2
徳島	107.7
滋賀	107.6
香川	107.5
京都	107.4
静岡	107.3
山口	107.3
群馬	107.2
三重	107.1
秋田	107.0
高知	106.8
大分	106.6
島根	106.1
愛媛	105.7
新潟	105.4
和歌山	105.0
千葉	104.8
沖縄	104.7
宮崎	104.3
栃木	104.3
福岡	104.1
岡山	104.0
青森	103.9
石川	103.8
愛知	103.7
広島	103.4
長崎	103.4
岩手	103.2
岐阜	103.1
茨城	103.1
鹿児島	102.9
宮城	102.9
兵庫	102.8
神奈川	102.6
富山	102.4
熊本	102.0
北海道	102.0
埼玉	101.9
佐賀	101.8
大阪	101.8
東京	101.7

（出典）「学校基本調査」「標準学級に関する報告書」より山﨑が作成

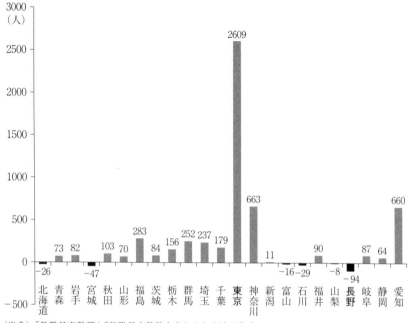

グラフ8 2015年度 公立義務制諸学校の

（出典）「教職員実数調」「教職員定数算定表」より山﨑が作成

　一方、増学級率が一番低いのは東京都の101.7パーセントです。学級数が多いため増学級数そのものは多いのですが、増学級率で見ると、それほど高くないことがわかります。この数値からも、やはり東京都はいまだに少人数学級制には消極的であるといえるでしょう。このように、地方による少人数学級制の実施に伴う増学級の程度は、都道府県によって様々であるということがわかります。
　では、教職員の増加率ではどうでしょうか？
　グラフ8は、2015（平成27）年度に各都道府県に配置された公立義務教育諸学校の教職員実数から教職員標準定数を引いた増教職員数を都道府県別にグラフにしたものです。都道府県別に増教職員数を比較してみると、そこにも大きな差があることがわかります。

教職員実数—標準定数（都道府県別）

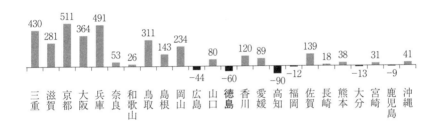

　まず、東京都や神奈川県、愛知県などのように教職員実数が標準定数を大きく上回っている自治体もあれば、逆に高知県、広島県、宮城県などのように教職員実数が標準定数を下回っている自治体もあります。

　ここで注目すべきなのは、先に見た長野県（-94）、徳島県（-60）で教職員実数が標準定数を下回っているという事実です。長野県、徳島県では地方による少人数学級制が独自に取り組まれ、増学級数も多くなっているのにもかかわらず、教職員実数が標準定数を満たしていません。

　一方、少人数学級制に消極的で増学級率では最低だった東京都で、教職員実数が標準定数を大きく上回っています。ちょっと意外な数値です。

　31ページのグラフ9を見てください。グラフ9は、2015（平成27）年度の教職員定数充足率（教職員実数÷標準定数）を都道府県別にランキングし

第1章　少人数学級制実現の意義とその現実　29

たグラフです。グラフ7（27ページ）、つまり増学級率の都道府県別ランキングのグラフと見比べてみると、地方による少人数学級制を積極的に実施するなどして増学級している自治体が、必ずしも独自に教職員数を増員しているわけではないということがわかります。長野県や徳島県では、増学級していても教職員が定数を下回っています。また、全体としてみても、増学級率（グラフ7）の幅に比べて定数充足率の幅がせまくなっていることもわかります。

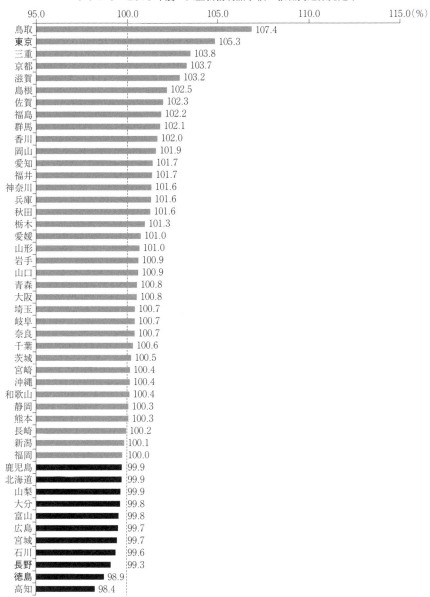

グラフ9 2015年度 公立義務制諸学校の教職員定数充足率

(出典)「教職員実数調」「教職員定数算定表」より山﨑が作成

第2章　現在の少人数学級制のしくみから考える現場での問題点

1　教職員の標準定数と増学級

　学級数を増やしながら、その数に見合った教職員を増やしていないということには、どのようなしくみがあるのでしょうか。また、教職員実数が標準定数より少ない場合は、どこでどう減らしているのかを追及する必要があります。

　このしくみを考える上で元になるのも、第1章で説明した義務標準法です。義務標準法は、その第6条で各都道府県に配置されるべき教職員の総数を定めています。これを、標準定数といいます。この分の教職員の給与費の負担は国も行います。それは、それぞれの校種、職種ごとに定められています。第1章では、主に全校種、全職種の教職員の合計数で比較を行ってきましたが、ここでは、少人数学級との直接的な影響を考えるために、小中学校の「教頭・教諭等」の定数について説明します。

　法で規定されている標準定数には、**基礎定数**と**国庫加配定数**という種類があり、これらを合計した数が、「標準定数」となります。式で表すと以下のようになります。

> **基礎定数**　学校数、学級数、児童生徒数を基礎にして自動的に算定する教職員定数。小中学校の教頭、教諭の場合は、学校数、学級数を基礎に算定される。
> **国庫加配定数**　ティームティーチング（TT）等の指導方法の工夫改善や、通級指導や不登校対応など、特定の教育目的のために国の判断で上乗せされる定数。文科省は、「教育上、特別配慮が必要な場合に対応するもの」として政令に基づき配当する教職員定数を総称して「加配定数」という用語を使用しているが、地方自治体独自負担で「加配」される定数と区別するため、本書では「国庫加配定数」の用語を使用する。

基礎定数＋国庫加配定数＝標準定数

基礎定数は学級数等に応じて公平に算定

　教頭、教諭等の教員の基礎定数は、基本的に学級数を基礎として公平に算定されます[10]（第7条1号）。

　この場合の学級数は、市町村が学級編制した実学級数（実数値）ではなく、5月1日現在の児童生徒数によって学級編制標準に基づいて編制したと仮定した標準学級数（理論値）です。そして、この標準学級数に応じて、教員の基礎定数が計算されます。学校規模ごとの学級総数に**「乗ずる数」**をかけ、その数値（学級数枠ごとに端数は切り上げ）を合計したものが都道府県ごとの基礎定数になります。

　「乗ずる数」は、学校規模（その学校の学級総数）ごとにいくつかのくくりにされていて、値（例：6学級規模の小学校は1.292）がそれぞれ決められています。「乗ずる数」は、一定の規模の学校に一定の数の学級担任とならない教員が配置できるように設定されたものです。ですから、教員の基礎定数には、学級担任分と担任外教員分が含まれています（「乗ずる数」については第3章でくわしく説明します）。

国庫加配定数は国の政策目的に応じて

　標準定数という時、この基礎定数だけをイメージしてしまいがちなのですが、もうひとつ別に国庫加配定数という定数があります。「加配」とは、規

　「乗ずる数」　義務標準法により教職員の標準定数を算定する際、その算定基礎となる基準数値（教頭・教諭等の場合は学校規模〔総学級数〕）によって変わる、それにかけ合わせる数値のこと。

　加配　規定の配当より多く教職員を配置すること。教職員の加配には、その給与費の財源により、国庫加配、都道府県費加配、市町村費加配がある。

定の配当より多く教職員を配置することです。国庫加配定数は、授業を二人の教員が指導するティームティーチング（TT）や一部教科でのみ少人数グループに分けて授業を行うなどのための指導方法工夫改善定数（義務標準法第7条2項）や、いじめ・不登校対応など教育上特別配慮が必要な事情、教職員の長期研修などに対応するためなどの定数（同第15条1号～5号）とがあります。国庫加配定数は、「定数」といっても、国の政令によって数が決まるので、その客観的根拠は必ずしも明らかではありません（59ページ図表12を参照）。

　この定数について文科省は、単に「加配定数」と表現していますが、私たちがここで「国庫」という言葉を添えるのは、教職員給与の国庫負担対象の加配定数という意味です。都道府県費・市町村費による加配教員と区別するためです（国庫加配定数とその活用については、第3章でくわしく説明します）。

　さて、以下では、基礎定数を転用することで増学級を実現するやり方について2～5で、国庫加配定数を使うことで増学級するやり方について6で説明したいと思います。

2　「担任外」の分を学級担任に

担任外基礎数教員とその「転用」

　それでは、少人数学級制により増学級をしても、それに見合った教職員を増やさない方法について説明していきましょう。その方法の一つ目は、基礎定数のうち学級担任外として算定された教員の一部を増学級の学級担任に転用することです。

　それぞれの都道府県における基礎定数の算定は、学級編制標準に基づいて編制される学級総数（＝標準学級数）の学校規模（1学校の学級総数）ごとに、「乗ずる数」を掛けた値を合計することにより行われます。たとえば、6学

図表4　基礎定数の転用の方法

県全体の教頭・教諭の基礎定数
　＝「県全体の総学級数」　×　「乗ずる数（1以上の小数）」
　＝A「学級担任基礎数」　＋　B「学級担任外基礎数」
　　　（学級総数×1）　　　　（学級総数×乗ずる数の1より多い分）
　＝A＋C（増学級担任数）　＋　B－C（転用分）

増学級の担任が増えることで担任外教員が減ることに

学級担任基礎数A	担任外基礎数B	
学級担任基礎数A	増学級担任数C	B－C

級の小学校の場合、6×1.292となります。「1.292」の「1」の部分は、学級担任数（＝学級担任基礎数）を求める数字です。

　また、「1.292」のうち「0.292」の部分が**学級担任外基礎数**を求める数字です。「担任外教員」は国庫加配や自治体による加配によっても生じるため、基礎定数として算定される担任外教員数分を、学級担任外基礎数と表現することにします。学級担任を担当しない担任外教員は、小学校では**専科教員**となります。中学校では専科教育が基本であって副担任などを担当します。

　「学級担任外基礎数の転用」とは、この学級担任外基礎数の一部を少人数学級実施の増学級分の学級担任にするということです。したがって、たとえば増学級分の学級担任教員を学級担任外基礎数からすべてまかなえば、教職員増なしでも「少人数学級」が可能ということになります。しかし、そうなれば学校現場では、小学校専科教員や中学校副担任などの貴重な担任外の教

学級担任基礎数　基礎定数のうち、標準学級数の学級担任数として算定されている教員数。乗ずる数の「1の値」を乗ずることにより算定される。
学級担任外基礎数　基礎定数のうち、標準学級数の学級担任外として算定されている教員数。乗ずる数の「小数点以下の値」を乗ずることにより算定される。

員が減らされてしまうこととなります（図表4）。

　そもそも学級担任外基礎数は、学校ごとの学級総数に応じて算定されるしくみのため、大規模校ほど多く小規模校ほど少なくなります。最近、児童生徒数の減少により学級数が減少し学校が小規模化する中で、「乗ずる数」により算定される学級担任外基礎数は、ただでさえ減る傾向にあります。その上、少人数学級制の増学級分の学級担任教員等として転用されてしまえば、一層、担任外教員は減り、ますます教育活動のゆとりは奪われて円滑な学校運営がなりたたなくなってしまいます。

　現場では、どのようにして学級担任外基礎数を転用しているのでしょうか？　ここでは、学級担任外基礎数転用の具体的な方法と、学校現場への影響について説明したいと思います。

具体例①学校内でやりくり

　学級担任外基礎数が転用されていることが学校現場で認識できるのは、同一校内で学級担任外基礎数分の教員が増学級の担任にされる場合です。この場合、学校現場はどうなるでしょうか？

　わかりやすいように、各学年2クラス12学級の小学校を例にとって説明しましょう。12学級あれば、通常1人は担任外の先生が配置されます（図表5）。この小学校の6年生の児童数が76名だったとします。現行の40人学級制ならば2クラスで6年1組38名（担任A先生）、6年2組38名（担任

　専科教員　原則として学級担任がすべての教科を担当している小学校において、理科・書写・体育・図画工作・音楽・家庭など、主に実技教科を専門的に担任する教員を指す。特に高学年においては専門的な教材研究や技能の実施（実験、ピアノ演奏など）が必要で、学級担任の負担が大きいため配置される。小学校の専科教員が有する教員免許状は、その教科に相当する中学校・高等学校の免許状でも可能となっている（例えば、図画工作の専科教員は「中学校（美術）」など）。

図表5　校内での転用の場合

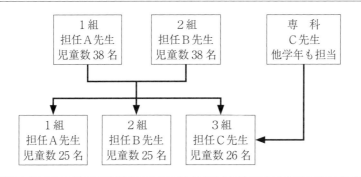

週あたり授業担当時間数
　A先生―25時間　　B先生―25時間　　C先生―20時間（専科）

週あたり授業担当時間数
　A先生―28時間　　B先生―28時間　　C先生―28時間

B先生）となります。この学校には学級担任を担当せず理科の教科指導を担当する専科教員C先生がいます。

　小学校6年の1週間の全授業時間は28時間（コマ数）です。この場合、学級担任のA先生とB先生の授業担当時間は週25時間、専科のC先生は（6年以外の専科授業も担当して）合計20時間です。

　A、Bの先生はC先生が専科の授業をされている間は、職員室でテストの採点をしたり、日記をみたり、授業の教材研究をしたりすることができます。こうした時間を「授業空き時間」と呼んだりします。A、Bの先生は一週に3時間の「授業空き時間」があることになります。

　小学6年生だけ自治体で35人学級制を実施すると、3学級となり、6年3組をつくることになります。すると1組は25名、2組25名、3組26名の少人数学級になります。1クラスの児童数は38名から25～26名と12～13名も減るので、教科指導でも学級活動でも生徒指導でも、きめこまやかな指導が可能となり、ゆとりがうまれます。

しかし、増学級の分の担任の教員が加配されないで学校内のやりくりで実施されると、3組の担任の先生はそれまで理科専科だったC先生が担当することになります。すると、専科担当の教員はいなくなってしまいますから専科の授業はなくなります。A、Bの先生の授業担当時間は28時間となり、C先生の担当時間も28時間となります。6年以外の専科もなくなるので、他学年の担任の授業担当時間も増え「授業空き時間」はなくなってしまいます。

　A～Cの先生も「授業空き時間」がなくなり、専科だった教科を含め週に28時間の授業をフルに行わなくてはならなくなりますから、採点やノート点検、教材研究といった「授業空き時間」に行っていた業務はすべて、放課後の時間に行わなくてはならなくなります。

　また、「授業空き時間」中の教員は、他の教職員が出張や休暇の場合に自習監督を行ったり、代わりに業務を行ったりします。ですから、担任外教員の減少による「授業空き時間」の減少は、学校全体の運営のゆとりを奪い、窮屈にしてしまいます。教職員が安心して出張に行きにくい、休暇がとりにくい原因となり、少々体調を崩しても休めないで病気を重くしてしまう原因ともなってしまいます。

具体例②別の学校から引き揚げ

　その学校で増学級が行われなくても、別の学校で増学級となった分の学級担任とされる場合もあります（図表6）。この図の場合、例①と同様であっても人数が少ないケースの学校では担任外で専科担当だったC先生が引き揚げられていなくなります。

　この場合、専科授業がなくなることによる影響に加え、次のような問題が起こってきます。校務分掌といって校内の先生たちで分担してすすめている業務（生徒指導主任や体育主任など）のうち、C先生が分担していた分を、他の教員が受け持たなくてはいけなくなります。ですから、この場合は校内で転用する場合よりもさらに多忙化になってしまうことになります。

図表6　専科教員引き揚げの場合

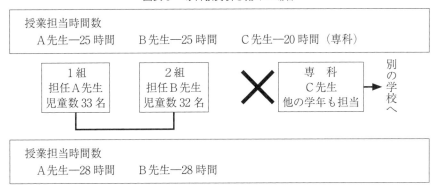

具体例③臨時の先生を加配

　地方による少人数学級制を実施している自治体の中には、増学級をすると自治体の措置として、加配教員を配置する制度を設けている例もあります。その場合、加配教員は**臨時教職員**であることが多く、その加配教員は常勤（フルタイム）ばかりとは限りません。パートタイムの非常勤講師であったりすることもあります（臨時教員の問題については第4章でくわしく解説します）。

　たとえば加配のD先生が、常勤の臨時教員で6年3組の学級担任を担当するとします（図表7）。すると、A、Bの先生の1週の授業持ち時間は25時間で変わりません。D先生も25時間を授業担当します。しかし、担任外で専科担当のC先生の持ち時間は20時間→23時間と増加します。なぜなら、増学級した3組の分の専科授業時間が加わるからです。

　臨時教職員　非正規・再任用教職員の総称。再任用教職員は非正規ではないが、有期任用で給与も低いため、調べる会では非正規教職員と同様に臨時教職員として扱っている。国庫負担対象の臨時教職員には、助教諭、臨時的任用、産休代替、育休代替、期限付任用、再任用フルタイム（以上は常勤）、そして非常勤講師、育休代替短時間勤務、再任用短時間勤務（以上は非常勤）などがある。

図表7　常勤教員加配の場合

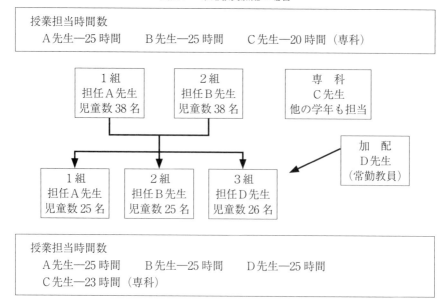

　加配される教員が非常勤講師であった場合（図表8）は、担任外で専科担当だったC先生が6年3組学級担任となり、非常勤のD先生が専科の授業だけを担当することになります。D先生は、常勤ではないので、勤務時間の関係で校務分掌の業務は担当できないでしょう。
　これらの話はとても単純化しているので、実際には学校の学級数や教職員数により事情が変わってきます。

中学校の場合は事情が複雑

　また、中学校の場合は、小学校よりもさらに事情が複雑となります。小学校では、ほとんどの授業を学級担任の教員が担当する「学級担任制」ですが、中学校は、9教科の授業をそれぞれの教科の教員免許を持った教員が担当する「教科担任制」です。中学校で1学級を増学級すると、その増学級の授業が9教科分増えることになりますから、ある特定の教科担当の教員1名が加

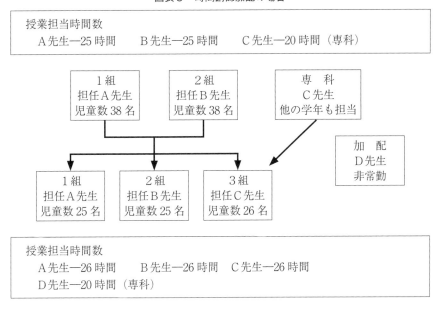

図表8　時間講師加配の場合

配されたとしてもカバーできません。残りの8教科を担当する教員はすべて、その分の授業担当時間数が増えてしまうことになります。

　こうした事情もあってか、中学校で地方による少人数学級制を導入しているところは少ないようです。また導入している自治体も、加配教員を増学級の学級担任とするか、増学級なしにティーム・ティーチングなど指導方法工夫改善の教員とするかを、学校で選択できるようにしているところもあります。後者の場合、厳密にいえば「少人数学級制」とはいえないのですが、自治体によってはそう名乗っているところもあります。

　学級編制標準の上限人数そのものを35人や30人などに改善すれば、学級が増えれば学級担任基礎数とともに学級担任外基礎数の教員が「乗ずる数」により増加するのですが、地方独自で学級を増やしても相応の教員加配を行わない少人数学級制の場合には、教員の業務量が増えて多忙化し、教育活動からゆとりを奪うことになってしまうのです。

3　学校への教職員配当基準を切り下げる

教職員配当基準とは

　「個々の学校ごとに置くべき教職員の数」は法律で決まっていて、「同じ学校規模（学校の学級数）なら全国どこでも教職員数は同じはず」と思っている方が多いかもしれません。しかし実際には、義務標準法は「都道府県に置くべき教職員の総数」として標準定数を定めてはいますが、「個々の学校ごとに置くべき教職員の数」を定めてはいないのです。それを定める**教職員配当基準**は、都道府県により決められ、しかも年度ごとに改定されています。ですから、同じ規模の学校であっても、配置されている教職員数には都道府県によって差があります。

　このことは、教職員数を増やしていくために、誰に何をどのように要求するべきなのかということに関する大変重要な点なのですが、校長先生のような学校管理職や教職員組合役員のような運動団体の方でも、案外誤解しておられることが多いようです。特に「教職員定数」と表現され、やりとりされる言葉が、「個々の学校ごとに置くべき教職員の数」を意味するのか、「都道府県に置くべき教職員の総数」を意味するのか混同されてしまうことが多いです。すると、「教職員定数」に関する議論や交渉などにおいて、話し合いがかみあわず、混乱してしまうことになりがちです。時には、こうした誤解や理解の不充分さから、行政担当者にうまくごまかされてしまっている場面もみうけられます。この点についてていねいに解説してみたいと思います。

> **教職員配当基準**　学校種、学校規模ごとに、個々の学校に置くべき県費教職員数の基準。条例化される県費負担教職員定数の範囲内で、市町村の意見を聞き、都道府県が決める。（地方教育行政法第41条2～3項）

公立義務教育諸学校の「教職員定数」というとき、「定数」には大まかにいって以下の3種類があります。

（ア）「教職員標準定数」（義務標準法第6～14条）…この章冒頭で説明したもの。都道府県に配置されるべき教職員の総数。義務教育費国庫負担金算定のもとになる。
（イ）「県費負担教職員定数」（地教行法第41条1項）…都道府県費で配置される教職員の総数（実際に配置できる上限数）。条例により都道府県が決定。
（ウ）「県費負担教職員の市町村別の学校の種類ごとの定数」（地教行法第41条2～3項）…イの定数の範囲内で都道府県が市町村の意見を聞いて決める。→教職員配当基準により各学校に配当。

　これらの教職員定数に関する制度を、単純化して説明すると、法により置くべきと定められ、国庫負担対象となる（ア）教職員標準定数が決まります。各都道府県は標準定数の上に独自で配置する数を加えて（加えない県もある）**県費負担教職員**の総数である（イ）県費負担教職員定数を条例で定めて、その給与費を負担します。また、学校種、学校規模ごとに配当する教職員の数として、（ウ）県費負担教職員の市町村別の学校の種類ごとの定数を決める教職員配当基準を市町村の意見を聞いて定め、それにしたがって教職員を配当します。市町村は、県費の教職員給与費により、教職員を各学校に配置します。その実績に基づいて、国は（ア）教職員標準定数によって算出される

> **県費負担教職員**　都道府県により給与負担されている教職員のこと。市町村立小・中学校等の教職員は市町村の職員であるが、その給与については、義務的経費であり、かつ多額であるため、例外的に、市町村より広く財政力が安定している都道府県の負担とし、給与水準の確保と一定水準の教職員の確保を図り、教育水準の維持向上を図るとされている。

国庫負担上限額以下の部分について、1/3を国庫負担します。

　このような制度となっているのも、学級編制と同様に地方自治の原則が大切にされているからです。なんでもかんでも政府や法律が決めてしまうのではなく、地域の実態に応じた教育の実現を保障するという考え方を大切にしているわけです。

　こうした制度の上で、都道府県は、教育の地方自治を発揮し、義務標準法が定める標準定数分以上に教職員給与費を負担し、多くの教職員を配当することも可能です。ただ、現行法のもとでは、逆に減らすことも可能です。

具体例①小数点以下の「定数」の切り下げ・切り上げ

　（ウ）の都道府県が定める教員の配当基準の数値は、原則的には先に見た基礎定数の算定に使用される「乗ずる数」をもとに定められています（190〜191ページも参照）。たとえば、6学級規模の小学校の例でいうと、「乗ずる数」は1.292なので、基礎定数算定では　6学級×1.292＝7.752人　となります。実際の各都道府県の教頭・教諭の配当基準はほとんどが7〜8名です。7.752人は、四捨五入すれば8人ですから、7人の教諭と1人の教頭が配当できると思うのですが、7人以上の教諭を配当する基準をもつ都道府県は26都府県のみで、あとの21道府県は6人（＝学級担任数のみ）です（2015〔平成27〕年度）。そんな中で東京都は唯一8人を配当しています（図表9）。

　このような差が生じてくるのは、都道府県ごとに地理的、財政的条件等に違いがあり、どれくらいの規模の学校に教員を多く（少なく）配当するか（できるか）という事情や考え方に違いが出てくるためだと思われます。

　「乗ずる数」は小数点以下3桁の小数ですから、実際の学校の教員配置数を決定するにあたっては、学校規模ごとに計算した数の端数を切り下げたり切り上げたりして、整数にする必要が生じます。どの学校規模の部分を切り上げ、また切り下げるかという判断が都道府県ごとに違ってくるわけです。

　そしてこのとき、教員配当基準の数値をもっと引き下げれば、基礎定数分

として算定される標準定数よりも、教員配当基準により学校に配置する教員数を減らすことができます。そして、それによって「浮かせた」数（学級担任外基礎数）を、増学級した学級の担任とすることができるわけです。こうすれば、増学級数相応の教員数を自治体独自で増やさないでも、少人数学級制が実施可能になります。しかし、そうなると学校現場では、先に見たように学級担任外基礎数の教員を専科教員や副担任などにできる人数が減り、教育活動にゆとりがなくなっていきます。

このやり方では、学級担任外基礎数が転用されていることが見えにくいため、現場の先生方でも気が付いていない方が多いのです。ですから、都道府県の教職員配当基準を年度ごとに比較したり、他の都道府県のものと比較したりして、それが妥当なものなのかどうかを判断することが大事です。

都道府県教育委員会に対し、教育の地方自治を発揮させて、配当基準数値の改善を要求することは、学級規模の縮小と合わせ、重要なポイントです。巻末資料に小中学校の教員配当基準の全国一覧表と基礎定数算定と教員配当

図表9　6学級規模小学校の教職員配当基準比較

義務標準法	学級数A	6		
	乗ずる数B	1.292		
	標準値（A×B）C	7.752		
	C − 0.75（教頭分を引く）	7.002		
	標準値整数	7		
各都道府県の教諭、助教諭及び常勤の講師（専任のもの）配置基準（国への報告分）	北海道	7	滋　賀	7
	青　森	7	奈　良	6
	岩　手	7	和歌山	6
	宮　城	7	大　阪	7
	秋　田	6	京　都	6
	山　形	7	兵　庫	7
	福　島	6	鳥　取	6
	茨　城	7	島　根	6
	栃　木	7	岡　山	6
	群　馬	7	広　島	6
	埼　玉	7	山　口	6
	千　葉	7	徳　島	6
	東　京	8	香　川	6
	神奈川	7	愛　媛	6
	新　潟	6	高　知	6
	富　山	6	福　岡	7
	石　川	6	佐　賀	7
	福　井	7	長　崎	7
	山　梨	6	熊　本	7
	長　野	7	大　分	6
	岐　阜	7	宮　崎	6
	静　岡	7	鹿児島	6
	愛　知	7	沖　縄	7
	三　重	7		

（出典）「義務教育諸学校の教職員配当の基準に関する報告書」より山﨑が作成

基準による配当数とのギャップの調べ方例を掲載していますので、参考にしてください（189～201ページ）。

具体例②特別支援学級数を除いた数で担任外教員を配当

　都道府県の教職員配当基準を切り下げ、国の基礎定数を「浮かせる」方法が、もう一つあります。特別支援学級数をその学校の学級数から差し引くという方法です。

　義務標準法の規定では、普通学級と特別支援学級との合計数によって標準定数計算します。都道府県が文科省に報告する基礎定数算定の際にも、そのように計算されています。ところが、都道府県が教員配当基準に基づき学校ごとに配当する教員数を決める際、学級数に特別支援学級数を加えず普通学級数のみによって配当する教員数を決定し、それに特別支援学級数を加えるというやり方をとる都道府県が増えてきているのです。

　図表10は、奈良県の16学級の小学校の例です。16学級のうち4学級は特別支援学級です。16学級ならば配当基準表では計18名です。小学校で1～6学級ならば担任外教員は0人、7～13学級は1人、14～20学級は2人、21～27学級は3人……と担任外教員が増えていく配当基準だからです。

　ところが、2006（平成18）年度より、奈良県が上記のようなやり方をとることになった結果、普通学級は12学級なので1人しか担任外教員が配当されません。それに特別支援学級を加えるので合計17名しか配当されないことになり、1名減になってしまいました。実際には16学級あるのに担任外教員が1人で専科や補欠授業を受け持つとなると、学校現場は前述したような困難な状況となってしまいます。

　文科省への提出文書だけ見ても、このような措置をとっているかどうかは、なかなかわかりにくいのですが、確認できるところだけでも、北海道、青森、岩手、茨城、栃木、埼玉、千葉、石川、京都、奈良、和歌山、岡山、広島、山口、香川、鹿児島の16道府県で同様の切り下げが行われているようです。

図表10　普通学級12と特別支援学級4の合計16学級の小学校の場合の教員配置数の変化

2005年度教員配当基準表による教員配置…16学級ならば18名の教員配置

1	2	3	4	5	6	7	8	9	10	11	12	13	14	15	16	17	18

2006年度教員配当基準による教員配置…12学級で13名の教員配置＋特別支援学級4学級で4名の担任教員配置。合計17名の教員配置

1	2	3	4	5	6	7	8	9	10	11	12	13	1	2	3	4

特別支援学級は教員配当基準表とは別に配置

(出典)「平成18年度奈良県義務教育諸学校の教職員配当の基準に関する報告書」より山﨑が作成

教職員配当基準の切り下げは違法か？

　本来なら学校現場に配当すべき教員数を、46〜48ページの具体例①、②のようなやり方によって担任外基礎教員の一部を学校に配当せずに「浮かせた」教職員数を、ある県の教育委員会関係者は「しみだし分」とか「補正教員」とか呼んでいるそうです。そうやって「浮かせた」教員分の給与費は、増学級の担任だけでなく、様々な名目の加配教員や、学校現場に籍を置きながら教育委員会の仕事をする**充て指導主事**の定数超過分などへの給与費としても使われていると思われます。

　それらが、都道府県教育委員会によって「県単独措置（県単）による加配教員」と説明された教職員の中に含まれているらしいことが、わかってきました。「県単」と言われると、国庫負担を受けずに県独自の予算によって任用された教員（＝県単独負担）なのだと解釈してしまいがちです。しかし、上記のように教員配当基準の切り下げによって「しみだし」たり「補正」したりして「浮かせた」分も、県単独の負担とはならないけれども「県単独措置（県単）」に見せることができるわけです。

　では、このような教職員配置は違法なのでしょうか？

　前述したように、義務標準法は個々の学校に配置すべき教職員の定数を定

　充て指導主事　学校に籍を置きながら、教育委員会などに勤務し、学校現場を指導する仕事などをする教員。

めていません。学級数を基礎とした学校規模（学級総数）ごとに1以上の「乗ずる数」をかけあわせる基礎定数算定のしくみは、形式的には個々の学校ごとの教員定数の標準を示したものではありません。ですから、これを「違法」ということはできません。

しかし、1958（昭和33）年法制定時、文部省財務課でこの法律を立案し、運用を中心になって担当した佐藤三樹太郎氏が著した本[12]の中には、次のように書かれています。

（前略）これらの算定を本校、分校それぞれ1校とみなして算定すること、また学校の規模に応じて、それぞれ算定の内容も変えていることなどをみれば、実質的には、単に都道府県ごとの総定数を算定する方法を定めたにとどまらず、これらの算定方式を通じてある程度個々の学校ごとの教職員数をも算定しうる意味をかねそなえているものとみなければならない。

ですから、義務標準法の目的（第1条）である「義務教育水準の維持向上」という点から考えても、いくつかの都道府県教育委員会にみられる学級担任外基礎数の一部を「浮かせたり」「しみ出させたり」するやり方は、即違法とは言えなくとも、法の趣旨から離れた運用だといわざるをえません。私たち国民の側から見れば、やはり「適切でない」と異議申し立てすべきでしょう。

4　職種、校種を超えた教職員給与の「流用」

少人数学級化を進めていても、教職員数を大幅に減らしている長野県のケースは、以上の理由だけでは説明できません。また、少人数学級化には消極的なのに、教職員の数は大幅に増えている東京都のケースも不思議です。こ

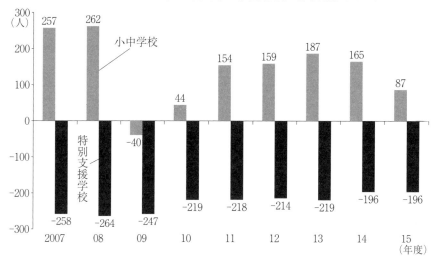

グラフ10 長野県公立義務制諸学校の教職員実数－標準定数（校種別）

（出典）「教職員実数調」「教職員実数算定表」より山﨑が作成

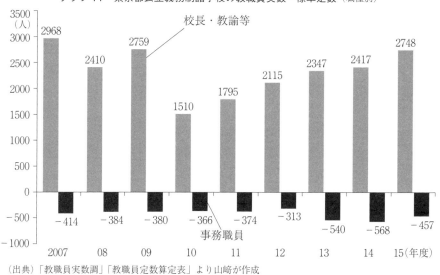

グラフ11 東京都公立義務制諸学校の教職員実数―標準定数（職種別）

（出典）「教職員実数調」「教職員定数算定表」より山﨑が作成

れについて、さらに詳しく見ておきましょう。

グラフ10は長野県の教職員実数から標準定数を引いた値を校種別に、グラフ11は東京都の同様の値を職種別にグラフにしたものです。

すると、長野県は少人数学級制を実施している小中学校では教職員実数が標準定数を大きく上回っている年が多いものの、特別支援学校の教職員実数は毎年標準定数を大きく下回っています（グラフ10）。また東京都は、教職員実数全体では標準定数を大きく上回っていますが、校長・教諭等の実数が定数を大きく上回っているのに対し、事務職員では標準定数を大きく下回っていることがわかります（グラフ11）。このように、都道府県によっては、ある校種や職種の教職員実数が標準定数を満たしていないところがあるのです。

2015（平成27）年度の全国合計の標準定数充足率（教職員実数÷標準定数）をみると、小中学校の校長・教諭等は101.5パーセント、養護教諭等は100.1パーセント、特別支援学校は102.4パーセントで定数を満たしていますが、事務職員は96.9パーセント、栄養教諭・学校栄養職員等は98.0パーセントで標準定数を満たしていません。

総額裁量制導入で流用できるように

2004（平成16）年までの制度では、都道府県が上記のように、ある校種、職種の標準定数を下回る教職員配置をすることは、国庫負担金の関係で不利となっていました。教職員給与費の国庫負担金の算定が校種別・職種別に行われていたので、ある校種や職種の実職員数が標準定数を超えていれば、超えた分については国庫負担の対象とはならないし、満たしていなければ、その部分の国庫負担金は交付されないしくみだったのです。

しかし、**総額裁量制**の導入（2004〔平成16〕年）により国庫負担金の計算方法が変更され、その都道府県のすべての校種や職種の標準定数分の給与費を「総額」として扱うようになりました。つまり、ある校種・職種の不足分の額を、別の校種・職種の超過分に使い回すことができるようになったので

す。こうした制度変更の結果、都道府県の裁量によって校種・職種を超えた教職員給与費の「流用」ともいえる運用が行われるようになりました（総額裁量制など教職員給与費支出のしくみについては、第6章でくわしく説明します）。

　もしも、特別支援学校や事務職員などの標準定数未充足の上に、小中学校の教員を増やすかたちで地方による少人数学級制が成立しているのだとしたら、それらを手放しに評価することはできないのではないでしょうか。

5　基礎定数の転用による学校現場への影響

　以上のような方法については、学校現場の教職員でさえなかなか見抜けません。ですから、「地方による少人数学級制が教職員の多忙化を促進する面がある」ということが、一般の保護者や市民にとっては理解しがたいというのはしかたのないことでしょう。

　学級が増えれば1クラスあたりの児童生徒の数は減ります。そのことは、一定の教育条件の改善といえるでしょう。よりきめこまかくていねいに児童生徒に対応することが可能になるからです。しかし、その増学級分に対して必要となる授業や学級指導等の業務量も増加するので、それに対応する教職員が充分に増やされなければ、増えた業務を不充分な教職員数のままで担当

総額裁量制　2004年度より導入された、国庫負担の最高限度額の計算方法。給料額や教職員配置に関する地方の裁量を拡大する仕組み。従来の制度は、国庫負担額算定の給与や手当の費目ごと・職種ごと・学校種ごとに国庫負担の限度額がそれぞれ設定されていた。また、都道府県が給与水準を下げると国庫負担金も下がる仕組みだった。それらの限度額の枠をはずし、「総額」の中で、都道府県が給与・手当、教職員定数等を自由に使い回せるようになった。

せざるをえなくなります。そうすれば教職員一人当たりの業務量は増え、多忙化してしまいます。最近、「ブラック化している」とさえ表現されるほど長時間過密化し社会問題となっている教職員の労働には、こうした学級増による業務量の増加に対する不充分な教職員配置の実態も一部関わっている面があると考えられます。

成果とともに矛盾、問題点の冷静な評価を
　地方による少人数学級制の評価において、こうしたことはあまりかえりみられることがなかったように思います。それどころか、教職員に子どもへの献身的な愛と情熱の発揮ばかりが期待されて、長時間過密労働が合理化、美化されがちです。地方による少人数学級制が実現している積極的な教育的成果とともに、こうした教育条件の後退を生み出している矛盾と問題点を冷静に評価することが、今後の制度改善と発展のために大変重要なことだと思います。
　したがって、少人数学級制の実施・拡大にあたっては、増学級分の学級担任のために学級担任外基礎数の教員や他校種、他職種の教職員を減少させることのないように、きちんと相応の常勤教員が加配されるような制度に改善しなければなりません。
　教職員配当基準の改善を都道府県に求めることも必要ですし、さらに、教職員を抜本的に増やすためには、義務標準法の基礎定数を算定する学級編制標準と「乗ずる数」の数値の改善を国に求めることが重要な課題となります。

6　国庫加配定数の活用

少人数学級に活用される「指導方法工夫改善加配」
　地方による少人数学級制と聞くと、地方自治体が100パーセント独自の財

源で教員を雇い、実施していると思っておられる方が多いかもしれません。しかし実際には、地方による少人数学級制で増学級となった学級の担任をしている教員のうちわけで一番多いのは、国庫加配定数によるものです。

　国庫加配定数とは、義務標準法による標準定数のうち、学級数により自動的に算定される基礎定数とは別に、政令により各都道府県に配当している教職員定数です。やはり給与費の1/3を国庫負担します。地方のとりくみといっても、実はこの国庫加配定数を活用する方法がとられている場合が大変多く、全国の増学級総数のうち国庫加配定数活用数は、74.4パーセント（2015〔平成27〕年）を占めています。

　グラフ12は、2015（平成27）年度の国庫加配定数の少人数学級への活用数と活用率（活用数÷増学級数）を都道府県別に表したものです。グラフ12からは、積極的に国庫加配定数の配当を受け、少人数学級のために活用しようとする都道府県とそうでない都道府県があることがわかります。

政府の公務員人件費削減政策により

　このような地方による少人数学級制への国庫加配定数の活用の広がりには歴史的経過があります。教育条件改善を求める国民の世論と運動の高まりの中、教職員定数の改善は、1959（昭和34）年以来7次にわたり、少人数学級化などによる複数年での教職員定数改善計画が策定され、実施されてきていました。ところが、政府の公務員人件費削減政策により、その流れが2005（平成17）年にストップさせられてしまい、以後8次計画は策定されず、現在に至っています。それ以来、教職員定数の改善は、複数年の計画によってではなく、単年度の加配措置によって実施されていくこととなりました。そのため、少子化の進展による児童・生徒数の減少に伴い、基礎定数は減り続ける一方で、単年度に措置される国庫加配定数の割合が増えていきました（図表11）。

　国庫加配定数は、ティーム・ティーチング（TT）等、指導方法の工夫改善や、いじめ・不登校対応など、特定の教育目的のために国の判断で基礎定

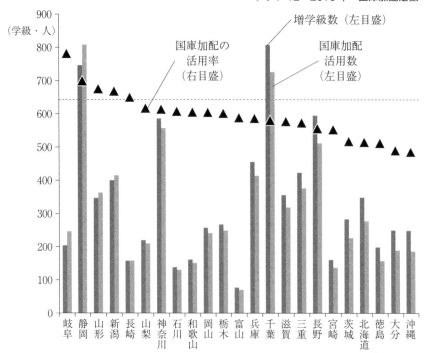

グラフ12　2015年　国庫加配定数

(出典)「少人数に係る加配措置数」「学校基本調査」「標準学級数に関する調査」より山﨑が作成

数に上乗せされる定数です（図表12）。このうち数が最も多い**指導方法工夫改善加配**教員（義務標準法第7条2項）を地方による少人数学級制実施のために活用する方法がとられています。

こうした指導方法工夫改善加配の活用による少人数学級制が広がったのは、2004（平成16）年以降のことです。2003（平成15）年までは、指導方法工夫改善加配教員を、習熟度別授業を含む少人数指導にしか使用することを文科

指導方法工夫改善加配　児童生徒の心身の発達に配慮し、個性に応じた教育を行うために、少人数指導、習熟度別指導、ティーム・ティーチングなどきめ細かな指導方法改善を実施するための教員加配（義務標準法第7条2項）。

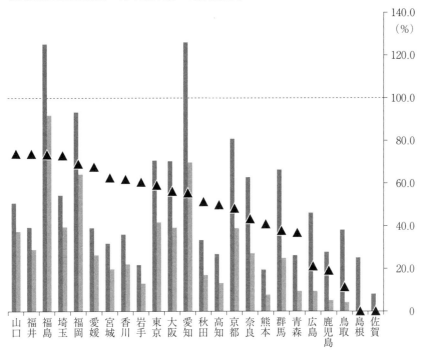
（指導方法工夫改善加配）の少人数学級への活用数と率

省が認めなかったからです。[13]

　少人数指導[14]とは、算数など特定の授業でのみ、編制された学級とは別の少人数のグループをつくって指導したりする指導方法です。そのグループを児童生徒の学習の習熟度に応じてつくるやり方を習熟度別授業といいます。

2004年に活用を文科省が認める

　しかし、こうした授業方法への批判や、少人数学級制を要求する国民世論の高まりを受けて、文科省は2004（平成16）年より、指導方法工夫改善加配の少人数学級制への活用を認めました。それ以来、地方による少人数学級制を実施しようとする都道府県が積極的に活用するようになり、しだいに指

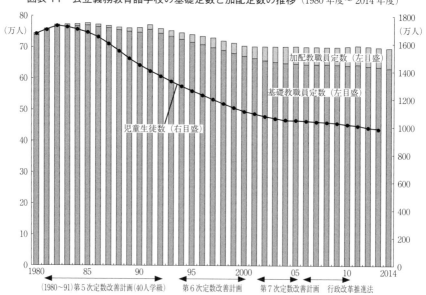

図表11　公立義務教育諸学校の基礎定数と加配定数の推移（1980年度〜2014年度）

（出典）文科省ホームページ「教育再生の実行に向けた教職員等指導体制の在り方等に関する検討会議提言　資料編」から作成

導方法工夫改善加配のための予算も増やされていくこととなりました。法改正による学級編制標準の少人数化がなかなか前に進まない中で、国民世論が、地方による取り組みというかたちで実施させた少人数学級制に、不充分ながらも国の予算を保障させてきたのです。

　その後、「少人数学級制推進」を公約とした民主党等への政権交代が実現し、2011（平成23）年には小１で学級編制標準を35人に引き下げる義務標準法改正がなされました。その際には既存の指導方法工夫改善加配の一部（1700人）が基礎定数に振り替えられました。

　2012（平成24）年にも35人学級の小２以降への拡大が目指されましたが、財務省がこの予算を認めなかったため、法改正は行われませんでした。その結果、文科省は、小２にのみ指導方法工夫改善加配活用による実質的な35人以下の学級編制を行うという方針をとり、学級編制標準は40人のままで

図表 12　加配教職員定数について（義務）
平成 23 年度予算における加配教職員定数一覧

加配事項	内容	予算定数
指導方法工夫改善 （法第 7 条 2 項）①	少人数指導、習熟度別指導、ティーム・ティーチングなどのきめ細かな指導や小学校における教科専門的な指導による指導方法改善	39,423 人
児童生徒支援 （法第 15 条 2 号）②	いじめ、不登校や問題行動への対応、地域や学校の状況に応じた教育指導上特別な配慮が必要な児童生徒対応	6,677 人
特別支援教育 （法第 15 条 3 号）③	比較的軽度の障害のある児童生徒のためのいわゆる通級指導への対応や特別支援教育コーディネーターの配置等	4,741 人
主幹教諭の配置 （法第 15 条 4 号）④	主幹教諭の配置に伴うマネジメント機能の強化への対応	1,448 人
研修等定数 （法第 15 条 6 号）⑤	資質向上のための教員研修、初任者研修、教育指導の改善研究対応	5,083 人
養護教諭 （法第 15 条 2 号）⑥	いじめ、保健室登校など心身の健康への対応	282 人
栄養教諭等 （法第 15 条 2 号）⑦	肥満、偏食など食の指導への対応	279 人
事務職員 （法第 15 条 5 号）⑧	事務処理の効率化など事務の共同実施対応	872 人
合　計		58,805 人

（出典）文科省 HP「学級編制・教職員定数改善等に関する基礎資料」

変則的な「小 2 の 35 人以下学級制」が成立しました。ただしその際、文科省要求の 4100 人増に対し 400 人分しか予算増の措置がなされませんでした。そのため、地方の独自措置でこれより前に小 2 で 35 人以下の学級編制を実施していた都道府県には、定数の追加がなされないなどの問題も起こりました。

　少人数学級制に消極的な自公両党への政権再交代後は、小 3 以降への 35 人学級化はストップさせられてしまい、指導方法工夫改善加配は 2013（平

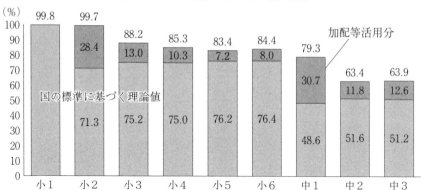

図表13　2013年度35人以下学級の割合

※「国の標準に基づく理論値」は、国の標準（小1年：35人学級、小2〜6年：40人学級）により算定した場合、35人以下となる学級の割合。
「加配等活用分」は、国からの加配等を活用し、都道府県が学級編制の弾力化を実施した結果、35人以下となった学級の割合。
（出典）文科省HP「教育再生の実行に向けた教職員等指導体制の在り方等に関する検討会議　提言　資料編」

成25）〜2015（平成27）年に3年連続で400人ずつ削減されました。

このように、少人数学級制を求める国民とその実施に消極的な政府とのせめぎ合いの結果、少人数学級制は徐々に推進・拡大されてきました。文科省の資料によると、2013（平成25）年現在の小中学校の学年別35人以下学級の割合は、図表13のとおりです。

ただ、国庫加配定数の活用による少人数学級制の実施は、義務標準法による標準学級数が増えるわけではないので、基礎定数の転用の場合と同じように、学級増に見合う担任外教員を増やすものではありませんし、臨時教員が増やされやすいという問題もあります（第3章でくわしく解説します）。

しっかりとした法制度と財政保障こそ

ここまで見てきたように、ひとくちに少人数学級制といっても、様々な方法とやりくりによって行われているということがわかっていただけたかと思います。これらの少人数学級制のかたちを比喩的に表現してみましょう。義

務標準法改正により学級編制標準を35人に改善した小1の35人学級制をしっかりとした「階段」にたとえてみます。

　それに対し、法改正なしで国庫加配定数を活用するなどして実質的に35人以下の学級編制をしている小2の変則的「35人学級制」は、年度ごとの財政折衝により予算配当がなされるので、上記に比べれば財政措置が安定的ではありません。したがって、財政難で予算がつかなければはずされてしまうおそれがある「はしご」です。

　それよりも制度が確立していない上、さらに財政的に不安定であり、様々なやりくりによって成り立っている地方による少人数学級制は、もっと足元のおぼつかない不安定な「縄ばしご」のようなものだといえるでしょう。

　2015（平成27）年の学校基本調査によれば、公立小中学校の36人以上の学級数は4万8974学級です。この年の小中学校の教諭等の国庫加配定数は6万1288人だったので、もしこの分をすべて基礎定数に振り替えたとすれば、追加予算なしでも充分に小中学校全学年で35人以下学級が実現できた計算になります。現状の予算でも可能であるにもかかわらず、国庫加配定数の基礎定数化による少人数学級制を行わないということは、やはりいつか「はしごをはずす」ことを考えているからではないでしょうか。

　教職員と教育費を増やし教育条件を確実に改善させる少人数学級制度を実現するためには、義務標準法の学級編制標準を改正し、国によるしっかりとした財政保障を伴う制度として確立させる必要があります。

第3章　教師を増やす予算もつける
　　　　少人数学級制実現のために

1 「学級編制の最低基準」にする

学級編制の「標準」と「基準」の関係

　第1章、第2章では、少人数学級制が本来の効果を発揮するためには、教職員の数をちゃんと増やすことが必要なこと、そのためには都道府県の教職員配当基準を改善させること、国の大本の制度である学級編制標準自体の改善が求められること、そして教職員標準定数の改善も重要な課題であることを述べてきました。

　これまで述べてきた文章の中に、「標準」と「基準」という2つの言葉が出てきましたが、この2つの言葉の意味の違いがわかるでしょうか？　実は、この違いを意識しておくことは、とても重要なことなのです。

　まずは、1学級の上限人数を決める学級編制のあり方についてです。義務標準法が定めている学級編制の大本のルールには、都道府県が決める学級編制「基準」と、そのよりどころとなる学級編制「標準」の二種類があります。

図表14　学級編制における国、都道府県、市町村の関係

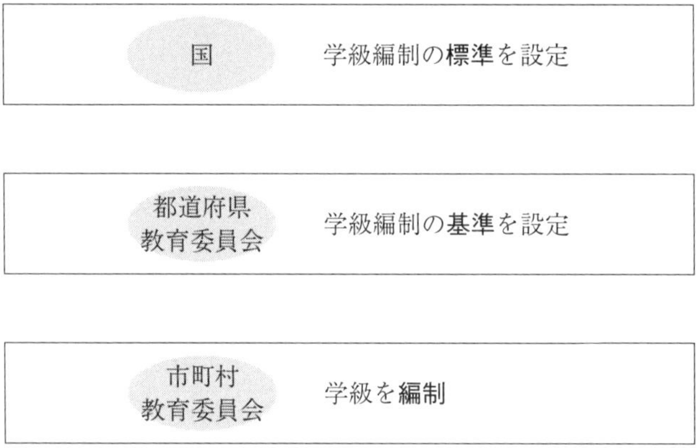

国	学級編制の**標準**を設定
都道府県教育委員会	学級編制の**基準**を設定
市町村教育委員会	学級を**編制**

第1章で説明したように、学級編制を行う権限を持っているのは市町村です。その際、市町村教育委員会は、都道府県教育委員会の定める学級編制「基準」に基づき学級編制を行います。その基準は、国が義務標準法で定めた学級編制「標準」をもとに定められるという関係になっています。
　学級編制における国と都道府県と市町村の関係を図にすると、図表14のようになります。

「標準」を「基準」に改める

　61ページで述べた「階段」のようにしっかりとした少人数学級制を実現するためには、義務標準法を改正し、国の定める学級編制「標準」を35人など少人数化することが必要です。私は、それに加えて、この学級編制「標準」を「基準」とし、「基準」は「最低基準」であることを明文化し、同時に最低基準としての効力を発揮できる内容に変更すべきだと思います。
　法における基準とは、通常「最低基準」を意味します。例えば労働基準法の第1条は、「この法律で定める労働条件の基準は最低のものであるから、労働関係の当事者は、この基準を理由として労働条件を低下させてはならないことはもとより、その向上を図るように努めなければならない」とあります（下線は引用者。以下同様）。つまり、最低基準とはそのレベルを上回ることは推奨されるが、下回ることは許されないものとして解釈されているのです。

「基準」の後退

　ところが現実は、国の学級編制「標準」はそのままで、都道府県の学級編制「基準」が、最低基準としての性格を弱められてしまいました。
　2011（平成23）年、民主党等政権は、義務標準法を改正し小1の学級編制「標準」を35人とする少人数学級制を実現しました。しかし、それと同時に、都道府県が決める学級編制「基準」を、「標準としての基準」に変更するという法改正を行いました。これにより、学級編制「基準」は、最低基準とし

ての性格があいまいなものとなりました。

　市町村は都道府県の学級編制「基準」を厳格に守らなくてもよいことになり、都道府県「基準」の水準を上回る学級編制を行うこともできますが、「基準」を下回る学級編制を行うことを許容されることになりました。

　法改正論議の中で鈴木寛文科副大臣（当時）は、「今回、40人以下を35人以下にしましたけれども、そこは標準という形にしておりますので、そこは、例えばいろいろな事情で36とか37になるというのは別に学級編制基準を逸脱したことになりません」と答弁しました[15]。つまり、「36（41）人以上学級は許されない」制度が、「36（41）人ぐらいなら許される」制度となったのです。

　これでは、たとえ法改正によって、すべての学年の学級編制標準が35人に書き換えられたとしても、実際の学校現場で35人以下学級が確実に編制される保障はないといえます。ですから、私たちは、学級編制の上限人数を少人数化するだけではなく、最低基準としての解釈しかありえない表現での学級編制ルールの法定化が必要だと考えます。つまり、「標準」という用語を「基準」に改め、しかも最低基準であることを法文で明示することが必要です。

　図表15は、学級編制における国の定める「標準」と、都道府県の定める「基準」についての解釈とその運用についてまとめてみたものです。上段は国の定める学級編制標準と都道府県の定める基準について、下段は都道府県の学級編制基準と市町村が実際に行う学級編制についての解釈と運用について、三段階（A—B—C、a—b—c）で表しています。国や県が学級編制の標準とか基準といった言葉にどんな考え方をとってきたのかということについては、実はいろんな歴史があります。それを知ることが少人数学級のために必要なことを考える上でも大事ですので、以下、少し説明しましょう。ちなみに私がいう「最低基準としての解釈」とは、図表15の「A－aの解釈」です。

図表15　学級編制標準と学級編制基準の解釈と運用

	教育水準	後退　←→　維持　←→　向上		
国標準と県基準設定		C	B	A
	解釈	標準は、ある程度の幅をもったもの **弾力的な解釈**	標準＝基準 **絶対的基準としての解釈**	標準の上限人数は最低基準 **最低基準としての解釈**
	運用	標準の上限人数を上回る人数の基準設定も、下回る人数の基準設定も許容。	標準の上限人数を上回る人数、下回る人数での基準の設定を認めない。	標準の上限人数を下回る人数での基準設定は許容。上回る人数での基準設定は認めない。
県基準と市町村の学級編制	教育水準	後退　←→　維持　←→　向上		
		c	b	a
	解釈	実態に応じた人数での編制が許される **標準としての基準**	拘束力ある厳格な固定基準 **従うべき絶対的基準**	拘束力ある厳格な最低基準 **従うべき最低基準**
	運用	学級編制は県基準より少人数でも多人数でも許容。	基準の上限人数より多い人数も少人数での学級編制も認めない。	基準の上限人数を超える学級編制を認めない。県基準より少人数での学級編制は容認。

(出典) 山﨑作成

学級編制「標準」と「基準」の関係はどう解釈されてきたか

　まず、どうして学級編制「基準」と学級編制「標準」の二種類があるのでしょうか？　「標準」と「基準」とは、そもそもどのような意味を持つ言葉なのでしょうか？　法制定時にさかのぼって調べてみました。

　法制定時の1958（昭和33）年ごろは、多くの自治体が財政難で苦しんでいました。財政立て直しのために、多くの自治体が教職員給与費の削減や学級編制基準の改悪などによる教育費削減に走ろうとしていたのです。そんな中、終戦後の第一次ベビーブームによる児童生徒の急増期を迎え、全国で「すしづめ学級」が社会問題化していました（図表16）。

　その解消のため、文部省（当時）は適正な学級編制と教職員定数の基準を法律上明確に示し、法定した基準に則した財政的措置をとるために、義務標

図表16　1957年度学級編成基準（単式普通学級）

単位：人

	小学校	中学校		小学校	中学校
北海道	60	56	三重	58	56
青森	60	60	滋賀	55	54
岩手	59	59	京都	55	52
宮城	59	59	大阪	57	55
秋田	60	60	兵庫	59	59
山形	59	53	奈良	60	55
福島	59	57	和歌山	55	55
茨城	56	56	鳥取	56	52
栃木	62	57	島根	60	57
群馬	58	56	岡山	59	55
埼玉	59	54	広島	60	54
千葉	59	57	山口	59	56
東京	59	54	徳島	54	54
神奈川	60	60	香川	58	56
新潟	63	59	愛媛	58	56
富山	58	54	高知	58	55
石川	60	58	福岡	60	54
福井	60	60	佐賀	60	56
山梨	60	60	長崎	59	57
長野	55	55	熊本	61	58
岐阜	59	58	大分	60	58
静岡	64	56	宮崎	60	59
愛知	64	56	鹿児島	60	60

（出典）佐藤三樹太郎『学級規模と教職員定数――その研究と法令の解説』第一法規　1965年

準法の制定を急ぎました。しかし、そのためには多額の財政負担が必要となるため、大蔵省（当時）は明確な「基準」とするよりも、弾力性のあるあいまいな「標準」としたいという思惑があったようです。また自治庁（当時）には、自治体が徐々に「すしづめ学級」を解消していくことができるように、法的拘束力のある「基準」よりも、達成目標的なものとしての「標準」としたいという思惑があったようです。こうした思惑がからまった結果、学級編制「標準」という表現で落ち着いたものと考えられます[16]。

「標準」「基準」という、似たような、しかしニュアンスが微妙に違う用語が使われるようになった事情はこのようなものでした。ただ、この2つの言葉のニュアンス、含意は以下のように変化もしてゆきます。

「標準」の弾力的な解釈

　法制定時の国会審議録を見ると「条文上の『標準』は『基準』と法的意味は同じか」とたびたび質問された文部大臣が、「同じような趣旨」「内容的には同じ」「中身は同じ」「文部省の解釈は従来の文教関係の法律に盛られておる基準と同じ考え方」と繰り返し答弁しています。ところが、この「標準」の最低基準的性格は、だんだん後退させられていくことになります。

　学級編制「標準」が、最低基準という法的意味を持つ「基準」であるならば、義務標準法制定時の単式普通学級の学級編制標準は「上限50人」でしたから、その水準を下回る51人以上学級は許されないはずでした。しかし、当時51人以上の「すしづめ学級」は、総学級数の約1/3に相当する14万学級にのぼり、このような状況では一挙に50人を達成することは物理的、財政的に難しいと考えられたようです。そこで、「標準」は50人としながらも、都道府県の「基準」設定を55人までは許容することとし、同学年1学級の場合18～55人、2学級の場合28～53人といった「標準の幅」が具体的に政令によって決められました。その上、都道府県が55人をも上回る「基準」を設定せざるをえないときには、毎年「あらかじめ文部大臣の意見を聞かなければならない」（旧法第4条）という但し書きも加えられました。

　法制定時、文部省財務課でこの法律を立案し、運用を中心になって担当した佐藤三樹太郎氏は、前章でも紹介した『学級規模と教職員定数──その研究と法令の解説』という本の中で次のように述べています。

　「この法律では、都道府県の教育委員会が定める学級編制のありかたを『基準』と呼び、その『基準』を定めるさいのよりどころとなるものとして、国が示したものを『標準』と呼ぶことにしたものである。すなわち、都道府県の教育委員会が市町村の教育委員会や小・中学校に対して示す学級編制のしかたは、必ずそれによらせる性格をもつものであるから、この場合には『基準』という強い用語をとり、そのさい、都道府県の教育委員会がよりどころとするものとして国が示すものは、『基準』よりは若干弾力的な性格を

もつ『標準』という用語とした」(弾力的な解釈。図表15 C―aの解釈と思われる)

　佐藤氏は、この51～55人という「標準の幅」を、「問題となる」としながらも、「若干のがまん点を設けた」と表現して「当時の状況からみて、目標としては50人をこえる『すしづめ学級』を可及的すみやかに解消する方針をもちながら、反面ではある程度のがまんを要請する内容とならざるをえなかったのである」(前掲書)と解説しています。

「最低基準」に近い性格
　それでも当時の文部省は、「(義務標準法の)立法の精神というものは、幾らかでも標準を高めていくということにある[18]」として、「国の方で決めた基準(標準のこと――引用者)よりもさらに促進していただくように強力に指導してまいりたい」と答弁しています[19]。つまり、義務教育水準を向上させるため、「標準」を最低基準として機能させ、その水準を超える地方教育行政を推奨する積極的な姿勢だったのです。実際そのための財政措置もとっていました(第6章でくわしく説明します)。
　その後、義務標準法の制定と国による財政保障制度により、全国の「すしづめ学級」は解消されていきました。全国の学級編制「基準」は、「標準」の50人をクリアしていき、達成すべき「目標」のようなものではなくなりました。そして、1963(昭和38)年には、義務標準法の学級編制標準は45人に改定されました。佐藤氏は前述の著作で「(1963年――引用者)改正法における標準は、いわば厳格な標準であるものとし、確実にその標準を遵守すべきものである」と述べています。佐藤氏の解釈によれば、1958(昭和33)年法制定時に弾力的な解釈と運用も認められていた「標準」は、より最低基準に近い性格を帯びるものとなったということになります(図表15 A―aの解釈)。
　ただし、この1963(昭和38)年の法改定時にも、「厳格な標準」であると

しながらも「基準」と明文化するには至らず、「標準」の用語は、そのまま残されてしまいました。

　それでも「立法の精神」からすれば、教育行政の教育条件整備の目標が「標準」水準をめざす方向から、「標準」水準を上回る方向へと変わったこの時点で、「標準」は「守るべき最低基準」と性格を変えたことを、今あらためて確認しておくことが大変重要です。

絶対的基準としての解釈の登場

　単式普通学級の学級編制標準は、40人（1980〔昭和55〕年改正）と改善され、現在は小1のみ35人（2011〔平成23〕年改正）となりましたが、そのテンポは大変遅いものでした。それは、「標準」改善に伴って義務教育費国庫負担額が増加することに対し、政府の財政に関する姿勢が消極的になっていったことが、主な原因だと考えられます。

　するとしだいに文部省は、地方自治を発揮して学級編制「標準」「基準」水準以上の少人数学級編制を行おうとする自治体に対し、圧力をかけるような姿勢に変わっていきました。法制定時のような、最低基準を上回る地方教育行政を推奨する姿勢は失われてしまったのです。それには政府の教職員給与費支出抑制方針が大きく関係しているのですが、そのことについては第6章で説明します。

　そんな中で学級編制「標準」と「基準」の最低基準的性格は後退させられ、「標準」水準以上の学級編制にブレーキをかける最低であり最高でもある「絶対的基準」のような解釈になっていきました（絶対的基準としての解釈。図表15 B―bの解釈か）。

　このことを2001（平成13）年改正時に衆議院で参考人として意見を述べた蓮見進氏は次のように述べています。「学級編制の基準と申しますものは（中略）この基準どおりに学級を編制して動かしていかなければならないというふうに運用されてまいりました。したがいまして各県におきましても市町村におきましても、あるいは各学校におきましても、この基準を離れた学

級編制を行うことはできないということにされておったわけであります。特色ある学校づくりをしようと思いましても、それはできないというのが、これまでの運用でございました[20]」（蓮見氏の意見は、学級編制の弾力化を推進するためのものでしたが、当時の学級編制の実態がよくわかるため引用しました）。

　また、それは政府による解釈変更と強力な指導助言の結果というより、自治体の財政事情や、市町村による教育条件格差を防ぎたいという都道府県の意向により、「基準＝標準」とする運用が広がっていったのではないかとも考えられます[21]。

学級編制の弾力化

　2001（平成13）年の義務標準法改正により、地方裁量による少人数学級化が進められることになりました。学級編制標準を定めた第3条2項に「ただし、都道府県の教育委員会は、当該都道府県における児童又は生徒の実態を考慮して特に必要があると認める場合については、この項（2項）本文の規定により定める数（学級編制標準のこと――引用者）を下回る数を、当該場合に係る一学級の児童又は生徒の数の基準（学級編制基準のこと――引用者）として定めることができる。」という但し書きが書き加えられました。この改正により実施されるようになる学級編制の運用を、「学級編制の弾力化」と文科省はいいます。

　弾力化とは、政府が進める「規制緩和」の方針にのっとったものと考えられます。ただ、これまで見てきたように、法制定時から、基準と標準との関係や、法的意味を最低基準として解釈するかどうかがあいまいでしたが、「都道府県は（学級編制標準を）下回る数を（学級編制基準として）定めることができる」とした第3条2項但し書きは、義務標準法の学級編制標準を最低基準と明示することになりました。ところが、それまで「必ずそれによらせる性格をもつ」厳格な基準として解釈されていた都道府県の定める学級編制基準の方は、明確な条文の改正のないまま、「弾力化」という解説を流布することによって、一定の幅をもった弾力的な解釈に「規制緩和」されるよう

になっていきます（図表15のA―cの解釈）。

　このことにより、学級編制の上限制度が、地方による少人数学級編制の中で巧妙に崩されていったのです（法律改正直後の学級編制の弾力化の詳細については橋口幽美著『本当の30人学級を考える』自治体研究社を参照してください）。

　そして、2003（平成15）年法改正にいたって、都道府県の学級編制「基準」を「標準としての基準」に変更してしまったのです。

コラム　「規制緩和」と学級編制の弾力化

　学級編制の弾力化は、政府の進めてきた地方分権改革のための「規制緩和」政策の一環として実施されたものです。従来、国から自治体への**機関委任事務**とされていた学級編制が、1999（平成11）年地方分権一括法により、自治体が自ら処理する自治事務へと変更されたこととも関係しています。

　弾力化とか規制緩和とかいう言葉は、がんじがらめに束縛されていた画一化された状態から、柔軟に、楽に、自由になるようなイメージを与えます。しかしそこには、実に巧妙なしかけとわながあります。

　政府は、「法の縛りを弾力化することによって地方や教育現場の裁量にまかせてしまえば、画一的でない自由な教育が可能になる」と聞こえのよいことを言います。しかし、この「法の縛り」とは、実は地方の財政力の差によって教育水準に格差が生まれないように、また維持向上がなされていくように、財政的な責任をもつことを国に義務付けているものでもあります。縛っているのは、主権者である国民です。ですから、政府がその縛りを緩くすることには、必要な財政保障に対する国の義務や責任をゆるめて、地方に押しつけてしまおうという目的もあるのです。

　　機関委任事務　地方公共団体の首長（都道府県知事、市町村長）等が法令に基づいて国から委任され、「国の機関」として処理する事務のこと。

「緩和」「弾力化」されようとしている「規制」が、実は地方の財政力による格差が起こらないように平等に教育の機会均等がはかられていくための基準の場合には、それが崩されると、格差を合法化してしまうことを意味します。たとえば「学級編制弾力化」は、必ずしも「少人数化」とは限りませんから、場合によっては学級編制基準の40（35）人を超える学級を生み出すことも容認すると解釈されうるものとなってしまいます。

「基準」の法的拘束力を緩める

　2011（平成23）年、少人数学級制を望む国民世論を背景に、小学校1学年での35人学級制が実現しました。民主党政権の下、与野党全会一致での義務標準法改正でした。30年ぶりの学級編制標準の改正という華々しい成果の影に隠れ見過ごされがちなのですが、先に述べたように、このときの法改正で、都道府県が定める学級編制基準が「従うべき基準」から「標準としての基準」に改められました（第4条。図表15のaの解釈→cの解釈）。

　この改正は、民主党が進めていた地域主権改革の**義務付け・枠づけの見直し**の一環として、各都道府県の学級編制「基準」を、「従うべき基準」という法的拘束力の強い規定から、「標準としての基準」へとその法的拘束性を

　　義務付け・枠付けの見直し　義務付け・枠付けとは法律上、「……してはならない」「……しなければならない」といった形で、自治体の事務を縛る規定のことを指す。地域主権改革では、こうした自治体の裁量権を損ねる義務付け・枠付けを見直して、当該基準に従う範囲内で地域の実情に応じた内容を定める条例は許容されるものの、異なる内容を定めることは許されない「従うべき基準」、合理的な理由がある範囲で異なる内容を認める「標準」、国の基準を参酌すれば異なる内容を認める「参酌すべき基準」に整理された。

緩めようとするものでした[22]。これにより、市町村は都道府県の学級編制「基準」を厳格に守らなくてもよいことになりました。

事後届け出制と市町村による「柔軟な学級編制」

　同時に、学級編制について、市町村教育委員会から都道府県教育委員会への「同意を要する協議」を廃止し、「事後の届け出制」とすること（第5条）とされました。この改正により、市町村は都道府県と事前に協議して同意を得る必要のあった学級編制を、編制事後に届け出るだけで行うことができるようになりました。

　また、標準定数算定上の基礎となる学級数を「都道府県教育委員会基準により算定した学級数」とする条項を加える（第6条2項および第10条2項関係）改正も行われました。これは、市町村の柔軟な学級編制のために学級数に増減が生じても、教職員給与は都道府県の定めた学級編制基準による学級数分だけを県が負担するということをはっきりさせるものでした。その条件のもとで、市町村は学級編制基準の水準を上回る学級編制を行うことも、下回る学級編制を行うこともできるようになったのです。

　こうした「市町村による柔軟な学級編制」の可能化により、市町村が都道府県の制約から解き放たれ、独自に少人数学級編制をしやすくなるのは、住民として歓迎すべきことです。しかし、法改正の目的は、市町村が少人数学級編制をしやすくするためだけなのでしょうか？

　法改正時の文科省の説明資料「制度改正により促進される地域や学校の実情に応じた柔軟な学級編制について」では、「実情に応じた柔軟な学級編制」の具体例として、市町村による少人数学級編制とともに、

- 教室不足や学級経営上の困難を生じている場合に、学年の児童生徒数が学級編制基準の上限人数を上回る場合でも上限人数以上の多人数学級編制をする
- 学年人数が基準を下回る人数でも、他の学年分の教員を使って少人数学級編制をする

などが紹介されています。

　しかし、教室不足は学校施設の改善により対応するのが原則ですし、児童生徒の生徒指導上の理由であれば、教職員の加配により対応するのが原則でしょう。これらを、「柔軟な学級編制」という名のやりくりによって対処するのは筋違いであり、安易な方法であるといえます。

　実は、こうした「柔軟な」学級編制は、2011（平成23）年法改正の前から起こってきていました。2001（平成13）年からの学級編制弾力化方針により、すでに都道府県の学級編制「基準」が「従うべき最低基準」と解釈されず、41人以上の学級編制が許容される事例もすでに生まれてきていたのです。例えば、宮城県教育委員会は、小3児童数40名で2学級編制（少人数学級編制）をし、小6児童数42名で1学級編制という「学級編制の弾力化」も可能という学級編制基準を示していました（2009（平成21）年）。2011（平成23）年の法改正は、そういった実態を追認したものといえますし、2001（平成23）年改正の時点ですでに計画されていたものということもできるでしょう。

最低基準としての法定化と条例化が必要

　しかし、こうした「標準」と「基準」という用語の法解釈と運用は、義務標準法の「立法の精神」からは、かけはなれたものです。また、文科省の姿勢は、教育水準向上をめざしていた法制定時の姿勢からすっかり後退しています。

　ですから、教育における地方自治を発展させながら、義務標準法と義務教育費国庫負担法の目的（第1条）である「義務教育水準の維持向上」を達成していくためには、法の目的を逸脱した解釈の改変と運用を許さない住民のとりくみが求められます。また根本的には、両法の最低基準としての性格を明確にするための、法改正が必要だと思います。

　具体的には、学級編制「標準」も「基準」も、明確に「厳格な最低基準」であるという表現の条文に書き換えることが必要です（図表15のA—aの解

釈)。また同時に、国庫負担法を改正し、国が財政的に責任を持って、さらなる少人数学級化への努力を推進していく内容に改正すべきだと思います。

　自治体レベルでは、学級編制「基準」がきちんと条例で定められていない場合が多く、このことも、「基準の弾力化」をおこしやすくしています。現行の地方による少人数学級制を維持発展させるためにも、自治体が「基準」をきちんと条例で定める事が重要です。

教育条件全体の改善のために
　ここまで、学級編制に関する制度の最低基準化の必要性について提案してきましたが、学級編制以外の様々な教育条件[23]の確保に関しても、同様の制度が必要だといえるのではないでしょうか。
　憲法に規定された国民の教育権を保障するためには、様々な教育条件について、その基本的な具体的内容を「教育条件整備最低基準」として法で一つ一つ定め、その実現を国が責任をもって財政保障する制度をつくりあげることが必要です。施設・設備面の教育環境や、学習活動に必要な教材などの予算不足、その結果起こっている保護者負担の増加など、現在の教育の様々な問題を解決していくことができるのではないかと考えます（教育条件基準法づくりについては、終章で詳しく述べたいと思います）。

2　「乗ずる数」を改善する

注目すべき「乗ずる数」
　次に提案したいことは、教職員定数増のために、基礎定数の算定基準数値の改善をはかることです。教職員標準定数のうち、教頭・教諭等の基礎定数は「学級数×乗ずる数」などの式により得られた数を積算することで算定されています。ですから、教員数を増員するには、まず学級編制の上限人数を

少人数へ改善すること（少人数学級制）により「学級数」を増やすことが重要です。

そして同時に、「乗ずる数」の数値を改善するなど、教職員の算定の基礎となる基準数値を改善することでも教職員を増員することができます。これまで、少人数学級制をめぐる議論はさかんに行われてきたのですが、このことにはあまり注目がされてこなかったように感じます。教職員の長時間過密労働を解決し、指導困難な状況を打開して、子どもにきめ細かく対応できる真のゆとりを生むためにも、「乗ずる数」などの改善に、もっとスポットが当てられていいのではないかと思います。

改定の歴史

では、教頭・教諭等の基礎定数算定における、学校規模（学級数）ごとに定められた「乗ずる数」（第7条1号表）は、なぜ1.292など小数点以下3桁まで細かく異なっているのでしょう？ いったい、どのような根拠で決められているのでしょうか？ 実は、その算定根拠の詳細がよくわかりません。

それでも、現在までに手に入れることができた資料から考察してみると、おおむね以下のようになるのではないかと考えられます。学級数が1学年1学級の6学級規模小学校の場合を例に考えてみます（以下の表は、佐藤三樹太郎著『学級規模と教職員定数――その研究と法令の解説』第一法規、1965年、清原正義編著『少人数学級と教職員定数』AS選書、2002年、文科省公開文書などを参考に筆者が作成しました）。

図表17のように、小学校では、学級担任外定数（上記表の（C））を何人確保するかという考え方に基づいて、改善が行われてきました。「乗ずる数」の数値は、学校規模ごとに学習指導要領に示された1週あたりの標準授業時間数を、教員一人が担当可能な1週あたりの授業時間数を26時間として何人の教員が必要となるかを求めた数を根拠としているのですが、その上に若干の改善が加えられてきたので、すっきりとした説明ができないようです。

図表17　義務標準法の改定年度ごとの6学級規模小学校の「乗ずる数」

改定年度	学級数（A）	担任数（B）	担任外教員数（C）	教諭数（D）（B＋C）	教頭定数（E）	教諭＋教頭（F）（D＋E）	（F／A）	「乗ずる数」
1958	6	6	0	6		6	1	1.000
1963	6	6	0.8	6.8		6.8	1.133333	1.140
1968	6	6	1	7		7	1.1666667	1.170
1974	6	6	1	7		7	1.1666667	1.170
1980	6	6	1	7	☆0.75	7.75	1.2916667	1.292
1993	6	6	1	7	☆0.75	7.75	1.2916667	1.292

☆「教頭定数」は1980年度改定から加算された。教頭は授業を担当する教員として扱われている。
(出典）山﨑作成

法制定時は整数だった

　1958（昭和33）年法制定時の計算方法は、まず担任教員の数を算定したあと、学校規模ごとに学校数に「乗ずる数」をかけて、校長、担任外教員、事務職員の数を算出するものでした。この時の「乗ずる数」は整数で、とても明快な算定方法でした。

小学校の規模	（学校数に）「乗ずる数」	校長	担任外教員	事務職員
6～17学級	2	1	1	
18～30学級	4	1	2	1
31～42学級	5	1	3	1
43～54学級	6	1	4	1
55学級以上	7	1	5	1

　1963（昭和38）年に学習指導要領改訂により、1週あたりの標準授業時間が1～6年合計で166時間から173時間へと大幅に増やされました。そのときの法改正時に、算定方法が大きく変更されて、教員部分が独立し「乗ずる数」は小数第2～3位までの少数になりました。この改正により担任外教員数が改善されましたが、「乗ずる数」の小数化は、義務標準法の「標準」と「基準」の関係をあいまいなものとする原因となり、都道府県ごとの教職員

配当基準の格差を生む原因ともなりました。

　1968（昭和43）年改定時には、学級担任外基礎数を改善する上で、中心となる学校規模として18学級をとり、この規模では3人確保するようにして、これとの均衡を考慮しつつ18学級を中心とする大または小規模学校の数値を設定したようです。その結果、6学級規模小学校の学級担任外基礎数は0.84から1へと改善しました。この改善の背景には、小規模校で1人の先生が病気などで休むと、1つの学級で丸一日授業が出来ないなどの状況があり、国会でも度々問題にされていました。

中学校の場合

　また、中学校の「乗ずる数」の数値は、小学校と比べるとより専門的な教科指導の必要性や、教科外のホームルーム、生徒指導、進路指導などの必要性を考慮して、学級担任外基礎数が、小学校より大きく設定されています。1学年1学級、総学級数3の中学校の場合は、図表18のようになります。

　このようにして、1993（平成5）年義務標準法改正までは、法改正のたびに少しずつ改善されてきた「乗ずる数」でしたが、それ以後はまったく改善がなされていません。教職員の職務内容が増大し、児童生徒をめぐる状況も多様で複雑化している現在では、この「乗ずる数」の改善＝学級担任外基礎数の増員がはかられる必要があります。

図表18　義務標準法の改定年度ごとの3学級規模中学校の「乗ずる数」

改定年度	学級数（A）	担任数（B）	担任外定数（C）	教諭数（D）（B+C）	教頭定数（E）	教諭+教頭（F）（D+E）	（F／A）	「乗ずる数」
1958	3	3	3	6		6	2	2.000
1963	3	3	3	6		6	2	2.000
1968	3	3	3	6		6	2	2.000
1974	3	3	3	6		6	2	2.000
1980	3	3	4.5	7.5	0.5	8	2.6666667	2.667
1993	3	3	4.5	7.5	0.5	8	2.6666667	2.667

（出典）山﨑作成

現在の文科省は軽視？

ところが、こうした学級担任外基礎数の設定により教員の負担を適正に保つべきという「乗ずる数」設定の考え方は、現在の文科省ではとられていないようです。

2001（平成13）年標準法改定時の前後に行われた説明では、文科省は学級担任以外の教員を「遊軍的な定数」と表現し、本来なら必要のない余裕教員扱いしていました[24]。また、地方の教育委員会に対し「県独自の少人数学級をやりたければおやりになって結構です。ただし、基準配当以内で」とか「学級担任分だけを各学校に配当するということでいっこうにかまわない」などと説明し、この「遊軍的な定数」を使ってなら弾力化による少人数学級をしてもよいと説明していました[25]。

このような無責任な発言を許すことはできないと考え、私たち「調べる会」は、義務標準法で定められた「乗ずる数」が、実際にどのように計算された数値なのか、現行の法律上で明らかにすることにしました。私たちは、2008（平成20）年10月20日、情報公開法に基づき文科省に「行政文書の公開請求」を行い、「乗ずる数の算定根拠を示した文書」の公開を求めました。

通常、開示非開示の決定を30日以内に行わなければならないのですが、11月21日付で「開示決定等の期限の延長」の通知が届き、12月22日まで延期されることとなりました。理由は、「開示請求の対象文書について、探索・特定に時間を要する」ということでした。つまり、文科省の担当課が、この「乗ずる数」の根拠について充分な理解をしていないという状況が推測されます。

そして、ようやく公開された文書は、作成者の名前も、作成日の記入もない、「教職員定数の算定における『乗ずる数』について」という数枚の文書でした。これでは、現行の法律上の確認をすることはできないので、私たちは不服申し立てを行いました。文科省は不服を受け入れましたが、「文書がみつからないので、再度捜索する」という回答があったきりで、5カ月間も返事がありませんでした。その後、2009（平成21）年9月7日に、118枚の

文部省の閣議請議書(大臣が内閣総理大臣に閣議を求める文書)が開示されましたが、義務標準法の改正案文があるだけで、「乗ずる数」の算定根拠については記されていませんでした。

これらのことからもわかるように、現在の文科省にとって、「乗ずる数」は大変軽く扱われ、その根拠などは重視されていないのではないかと考えられます。これは重大な問題です。ブラック化していると形容される教員の長時間過密労働を解消し、子どもの指導へきめこまかく対応できる条件を生み出すためには、「乗ずる数」の意義、つまり学級担任外基礎教員の適正な確保の意義を再確認し、授業時間や教育課程の内容、校務分掌等やその他の業務等、現代の教員の勤務実態に合わせて、しかるべき学級担任外基礎数を確保する「乗ずる数」の数値改善がはかられるべきです。

特に、算定の基礎となっている教員の1週あたり授業時間数を小学校26時間、中学校24時間としていることは問題です。これは59年前の法制定時から、変更されていないようです。この時間数は、法制定当時にすでに過大に計算されたものです(詳細は、「調べる会」パンフレットNo.33『学級数に応じて配置すべき教員数の算定』を参照)。

そして、都道府県が個々の学校ごとに配当すべき教職員配当数を定める基準の改善のためにも、「乗ずる数」により求められる学校規模ごとの教員数が、従来の小数値ではなく整数値として設定されるべきだと思います。そうすれば、都道府県が「教員配当基準」を設定する際、教員配当数を標準定数以内に収めようとして配当数値を調整する必要がなくなり、また先にみた教員の「浮き数」はなくなり、「最低基準」としての役割をきちんと発揮できるしくみとなるでしょう。そして、それに上積みして、都道府県独自の向上策をとることは、学級編制基準と同じく可能なことです。

また、最近「チーム学校」を推進するとして、心理や福祉の専門家等を学校のスタッフとして位置付け、教員との業務の分担や連携・協力による学校運営の方向が示されています。そのようなスタッフの増員自体を否定するものではありませんが、「教員の負担増に対応」するための基本は、教員を増

員することでしょう。

教員以外の職種、特別支援学校の算定基準の改善のために

　図表19は公立小中学校、特別支援学校の各職種別の標準定数算定の方法を表にしたものです[26]。このように、それぞれの職種の定数算定には、学校数（校長、養護教諭、事務職員など）、学級数（教頭、教諭など）、児童・生徒数（小中の栄養教諭・学校栄養職員、寄宿舎指導員など）といった諸条件の組み合わせと基準数値がきめられています。「乗ずる数」は、教頭・教諭等の定数を算定する際の基準数値の1つです。

　ですから、教職員全体の増員をはかるには、これらの算定基準数値のひとつひとつを見直し、改善する必要があります。「乗ずる数」のように、その数値にはそれぞれの設定理由があるでしょうから、現代の教育現場のニーズに則して改定していく必要があるでしょう。

　また、この表の職種は、現在義務標準法に位置付けられ給与費が国庫負担化されている職種だけです。学校現場には、特別支援教育、英語教育、カウンセリングなど様々な教育ニーズの高まりとともに、ALT（外国語指導助手）、**特別支援教育支援員**、スクールカウンセラー、スクールソーシャルワーカー、部活動支援員など様々な教育支援スタッフが配置されてきています。そして、従来からの学校用務員、給食調理員なども配置されてきています。

　　特別支援教育支援員　障害のある児童生徒に対する学校における日常生活動作の介助、発達障害の児童生徒に対する学習活動上のサポート等を行うスタッフ。
　　スクールカウンセラー　心理の専門家として児童生徒へのカウンセリングや、教職員、保護者への専門的な助言・援助等を行う専門職。
　　スクールソーシャルワーカー　問題を抱える児童生徒に対し、児童生徒の置かれた環境への働きかけや、学校・関係機関等の関係構築、連携・調整、保護者・教職員への支援、相談等を行う専門職。

図表19 教職員定数の算定について（義務）

小・中学校

○校長　学校に1人

○教諭等（副校長・教頭・主幹教諭・指導教諭を含む）
　①学級数に応じて、必要となる学級担任、教科担任の教員数を考慮して、学校規模ごとに学級数に乗ずる率を設定。
　　（乗ずる率の例）
　　　　　　　小学校　　　　　　　　　　　　　　　　　　　　　　　　　中学校
　　　　　　　　　⋮　　　　　　　　　　　　　　　　　　　　　　　　　　　⋮
　　　　6学級の学校の学級総数×1.292　　　　　　　　　　　　3学級の学校の学級総数×2.667
　　　　（学年1学級の学校）　　　　　　　　　　　　　　　　　　（学年1学級の学校）
　　　　　　　　　⋮　　　　　　　　　　　　　　　　　　　　　　　　　　　⋮
　　　　12学級の学校の学級総数×1.210　　　　　　　　　　　　6学級の学校の学級総数×1.750
　　　　（学年2学級の学校）　　　　　　　　　　　　　　　　　　（学年2学級の学校）
　　　　　　　　　⋮
　②教頭（副校長）の複数配置　　　　　　　　　　　　　　④分校の管理責任者　分校に1人
　　小学校　27学級以上の学校に＋1人
　　中学校　24学級以上の学校に＋1人　　　　　　　　　⑤寄宿舎監
　　　　　　　　　　　　　　　　　　　　　　　　　　　　　　　　寄宿児童生徒数40人以下の学校に1人
　③生徒指導担当　　　　　　　　　　　　　　　　　　　　　　　　〃　　41～80人の学校に2人
　　小学校　30学級以上の学校数に1/2人　　　　　　　　　　　　　〃　　81～120人の学校に3人
　　中学校　18～29学級の学校数に1人　　　　　　　　　　　　　　〃　　121人以上の学校に4人
　　　　　　30学級以上の学校数に3/2人

○養護教諭　　　　　　　　　　　　　　　　　　　　　　　　○事務職員
　①原則学校に1人（3学級以上の学校）　　　　　　　　　　　①原則学校に1人（4学級以上の学校）
　②複数配置　　　　　　　　　　　　　　　　　　　　　　　　　※3学級の学校には3/4人
　　小学校　児童数851人以上の学校に＋1人　　　　　　　　②複数配置
　　中学校　生徒数801人以上の学校に＋1人　　　　　　　　　　小学校　27学級以上の学校に＋1人
　　　　　　　　　　　　　　　　　　　　　　　　　　　　　　　中学校　21学級以上の学校に＋1人
○栄養教諭・学校栄養職員
　①給食単独実施校　児童生徒数550人以上の学校に1人
　　　　　　　　　　　〃　　549人以下の学校に1/4人
　②共同調理場　　児童生徒数に応じて1～3人

特別支援学校

○校長　学校に1人　　　　　　　　　　　　　　　　　　　　○養護教諭
　　　　　　　　　　　　　　　　　　　　　　　　　　　　　　①学校に1人
○教諭等（副校長・教頭・主幹教諭・指導教諭を含む）　　　　　②複数配置
　①学級数に応じた定数　　　　　　　　　　　　　　　　　　　　児童生徒数61人以上の学校に＋1人
　　小・中学校に準拠
　②教頭（副校長）の複数配置・生徒指導担当　　　　　　　　○寄宿舎指導員
　　小・中学部計27学級以上の学校に＋2人　　　　　　　　　　寄宿児童生徒数×1/5人
　　中学部18学級以上の学校に＋1人　　　　　　　　　　　　　（肢体不自由は1/3人）
　③教育相談担当教員
　　児童生徒数に応じて1～3人　　　　　　　　　　　　　　○栄養教諭・学校栄養職員
　④自立活動担当教員　　　　　　　　　　　　　　　　　　　　給食実施校に1人
　　障害種別に学級数に応じて加算
　⑤分校の管理責任者　分校に1人　　　　　　　　　　　　　○事務職員
　⑥寄宿舎監　　　　　　　　　　　　　　　　　　　　　　　　小学部を置く学校に1人
　　寄宿児童生徒数80人以下の学校に2人　　　　　　　　　　　中学部を置く学校に1人
　　　〃　　81～200人の学校に3人
　　　〃　　201人以上の学校に4人

（出典）文科省HP「学級編制と教職員配置に関する基礎資料2」より

しかし、これらのスタッフの給与費は、単年度事業として国からの補助金が出ているものもありますが、教員のように国庫負担化されてはいないため、その多くは自治体の財政によって任用されています。しかし、地方財政の悪化のもとで低賃金の非正規雇用や民間委託などの不安定な低賃金労働となっている例が多いようです。

　本当に学校に必要な職種なのであれば、きちんとした労働条件を保障した正規職員として任用し、職員が安定して働き続けることができるようにするべきです。そして、研究・研修も保障し、職員としてその専門性を高めることができるようにする必要があります。1974（昭和49）年に、学校栄養職員の給与費が国庫負担化されたように、これらの職種を義務標準法に位置付け、給与費の国庫負担化をしていくことを検討すべきだと思います。

3　国庫加配定数は基礎定数に

　次に提案したいことは、国庫加配定数の内容を精査し、できるだけ基礎定数に振り替えることです。

　少人数学級制にしても、「乗ずる数」改善にしても、学校現場は公平で公正な基礎定数の充実による教職員定数増を望んでいます。しかし、少子化による児童生徒数の減少に連動して、基礎定数は減り続けています。

　2006（平成18）年以降、財務省は新たな教職員定数改善計画の策定を認めません。国庫加配定数の改善増より、児童生徒数の減少による基礎定数減の方が多くなり、全体として定数減が続いています（58ページの図表11参照）。年々標準定数に占める国庫加配定数の割合が増えています。

文科省の判断と財政折衝で決まる

　前に述べたように、国庫加配定数のうち指導方法工夫改善加配を活用して

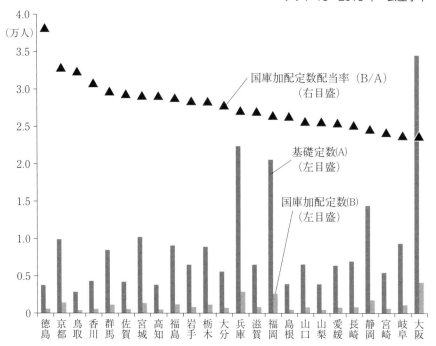

(出典)「少人数学級に係る加配措置数」「学校基本調査」「標準学級に関する調査」より山﨑が作成

地方による少人数学級制が広がってきました。これは大事なことですが、国庫加配定数にはその性格上、様々な問題もあります。

　まず、国庫加配定数の加配目的の内容決定は、文科省が行います。そして、その数は、教育現場からの要望により都道府県教育委員会が文科省に配当を申請し、文科省が配当内容と数を決定します。都道府県が配当を申請しなければ基本的には国庫加配定数の配当はなく、申請しても希望する数の配当があるかどうかは文科省の判断しだいです。配当基準というようなものはなく、まさにブラックボックス[27]です。また、その予算額は毎年の財務省との財政折衝で決められるため、配当数は予算の制約を受け不安定です。ですから、文科省が配当したいと思っていても、予算が確保できなければ配当数は減らさ

学校教員の国庫加配定数配当率

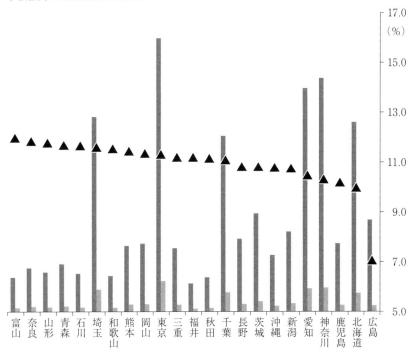

れることになります。

教職員数の格差が生まれる

　政府が基礎定数の充実ではなく、国庫加配定数を増やしてきたのには理由があります。それは、国庫加配定数を施策誘導の持ち駒のように使うことができるからです。

　もちろん、国庫加配定数の中には「特別な事情」に対して追加措置を行う加配（特別支援教育や日本語指導など）も含まれています。しかし、文科省がやってほしい、やらせたいと思う教育施策（IT教育、市町村合併に伴う学校統廃合対応、学校事務共同化、初任者研修等の事業加配、国の方針に基づく教育

方法・内容研究のための研修加配など）を実施させる意図をもって、その意図に従ってくれそうな都道府県に、多く配ることができるのです。文科省は、このような国庫加配定数の配当について「加配定数の戦略的充実」[28]と表現していますが、こうした方法によって教員の配置に格差が生じることは二重に問題を含んでいます。

　グラフ13は、2015（平成27）年の公立小中学校教員の国庫加配配当数と基礎定数に対する国庫加配率（国庫加配数÷基礎定数）を都道府県別に表したものです。加配率トップの徳島県（16.5パーセント）と最下位の広島県（7.1パーセント）との間には率にして2倍以上の差があります。配当数を決定するのは文科省であるため、実際の配当には意図的政治的な判断が働きやすいのではないかとも想像できます。

　「調べる会」の調査では、都道府県の加配申請数に対し、国が多めに配当しているところと少なめに配当しているところがあることがわかっています。また、その配当内容においても、都道府県が指定研究を進めたりするための研修等加配が、申請数より多く配当される傾向が見られます（グラフ14）。国庫加配定数配当の事務については、謎が多いのですが、このようなことからも国庫加配配当を利用した文科省の施策誘導が働いていると見ることができるのではないでしょうか。

　そして、こうした関係は、都道府県教育委員会と市町村教育委員会、市町村教育委員会と学校現場にも当てはまります。その結果、学校によって、同じ学校規模（学級数）であっても、教職員がたくさん配置される学校もあれば、基準数のみという学校もあって、教職員数という最も基本的な教育条件の格差が生まれています（拙著『本当の30人学級は実現したのか？──広がる格差と増え続ける臨時教職員』自治体研究社、2010年、98〜99ページを参照）。

　文科省は「国庫加配は、市町村の現場から要請が高くある」と説明していますが、多忙化のため、1人でも、授業1時間分でも教職員がほしいと思っている学校現場が、配当された国庫加配教員を使った実績報告で、「うまくいかなかった」と報告することはまずありません。教職員を確保しようと思

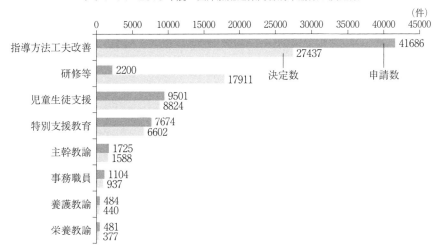

グラフ14　2015年度　国庫加配定数内容別申請数と決定数

（出典）「義務教育諸学校指導方法工夫改善定数及び研修等定数の事項別内訳（決定通知書）」「公立義務教育諸学校研修等定数等配置予定集計表」より山﨑が作成

えば、「うまくいった」と報告せざるをえないのです。こうして、国庫加配定数は、次期学習指導要領の内容の先取りなど、文科省や教育委員会のやらせたい教育に自治体や学校をたくみに誘導していくためのツールとして使われているのです。

非正規の多用にもつながり

　また、児童生徒数減の下での、不安定で配当が要求通り受けられる保障のない国庫加配定数の増加は、給与費が安上がりでいつでも雇い止め可能な非正規任用教職員の多用にもつながっています。正規教職員を増やしていくためにも、国庫加配定数の基礎定数化が必要です。

　したがって、学校現場が本当に望んでいるのは、クラスの人数を減らし、公正な基準によって配当される教職員が増やされていくルール、つまり基礎定数の改善です。しっかりとした階段のような少人数学級制を実現するためにも、これらの国庫加配定数はその内容を精査して、できるだけ基礎定数へ

振り替える政策を実行するべきだと考えます。

コラム　通級指導教員等の基礎定数化と懸念される狙い

　2017（平成29）年3月27日、平成29年度予算が成立し、予算内容が前提としていた「義務教育諸学校等の体制の充実及び運営の改善を図るための法律改正」（義務標準法など9つの法律改正案を含む）も可決成立しました。義務標準法については、**通級指導**、日本語指導、初任者研修指導教員の定数が、従来の国庫加配定数から基礎定数へ変更されました。

　そのうち、通級指導教員を基礎定数化することについては、従来国庫加配定数で措置されてきた通級指導教員を、対象児童生徒13人に教員1人の割合の算定基準で基礎定数化することになりました。2016（平成28）年度通級指導加配定数と比べて、2017（平成29）年度は602人増やすと文科省は説明しています。ただし、特別支援学級から通級指導への移行による「政策減」を150と見込んでいて、相殺すると552人増と説明しています。

　こうした国庫加配定数の基礎定数化は、基本的には評価できます。基礎定数化により、安定的な教職員定数確保が可能となり、公平に配当されることにもなり、非正規教員の正規化も期待できるからです。特に通級指導、日本語指導教員の基礎定数化は、そのニーズの増加に対応する画期的な措置であるといえます。

　ただし、通級指導対象児童生徒13人に対して教員1人、日本語指導対象児童生徒18人に教員1人、初任者研修対象者6人に教員1人という算定基準の設定は、その算定根拠が明確に示されていませんので、実際に現状改善となる保障といえるかどうかは未知数です。

　通級指導　通常の学級に在籍する、比較的軽度の障害がある児童生徒に対して、障害の状態に応じて行われる特別な指導。障害の状態を改善・克服するための自立活動を中心に、必要に応じて各教科の補充指導を行う。

例えば、この「通級指導対象児童生徒13人に1人」という算定基準とは、特別支援学級の学級編制標準のように1学級の児童生徒数の上限値ではありません。その意味では、対象児童生徒が存在するすべての学校に安定して通級指導教室が開設される保障とはならないと考えられます。

　基礎定数化するというなら、在籍する同じ学校内で開設できるように、通級指導教室のしくみを普通学級・特別支援学級のような児童生徒数の上限制で定める必要があるでしょう。なぜなら、児童生徒の成長を図るには、所属学級の担任や他の教科指導教員、同級の児童生徒との関係などを総合して指導する必要があるからです。ですから、国庫加配定数の基礎定数化は、その内容を精査し、教職員定数改善と教育指導充実となりうる内容での基礎定数化がはかられなければなりません。

　また、今回の改正で、指導方法工夫改善加配の一部が基礎定数に移されました。この基礎定数化にあたり、従来の学校の「学級数」ではなく、「児童生徒数」に応じて教員数を算定する方式がとられました。このことは、大きな問題をはらみます（第1章の1参照）。財務省は、教育費の削減のために、以前から教員算定方式を、学級数によるものから児童生徒数によるものへと変更することを狙っており、今回の改正がその布石となる危険性があります。

第4章　臨時教職員の問題とは何か

増え続ける非正規・再任用教職員

次に問題となるのは、急増している臨時教職員の問題です。臨時教職員の問題は以前から存在していましたが、2001（平成13）年の義務標準法改正以降、急激に大幅に増やされてきました。これは、教育現場にとって、大変重要な課題となっています。

身分の不安定な臨時教職員が増えるということは、教職員自身が不利益をこうむるだけでなく、学校全体の運営に不都合が生じ、ひいては子どもたちの教育を受ける権利にも大きな影響を及ぼします。

ここで考察する臨時教職員は、公立義務教育諸学校において都道府県費で任用される職員（以下、「県費教職員」という）についてです。実際には、市町村などが任用する教職員も多数存在しています。近年になって配置されるようになった「○○支援員」「○○サポーター」などの教育スタッフも、臨時という形態がほとんどです。そして、従来から市町村費で任用されてきた給食調理員、学校用務員などの現業職も、民営化、委託化、非正規化が急速に進行しています。また、私学においては、公立学校以上に非正規化が進んでいると聞きます。幼稚園や保育園、大学はそれ以上ともいわれます。現在、社会全体として非正規雇用は解決すべき大きな問題ですが、この本では、公立学校独自の問題点について検討してみたいと思います。

なおこの本では、再任用教職員も「臨時教職員」として扱っています。再任用教職員は法律上は正規教職員であって非正規教職員ではないのですが、非正規と同様に「有期任用」であり、その賃金は定額、昇給なし（新規採用から数年勤務くらいの水準）という労働条件です。この再任用教職員が増やされる原因と背景も、非正規教職員と同様または類似するものが考えられるため、再任用教職員も臨時教職員として考察します。

そのことがわかるように、国庫負担化されている公立の義務教育諸学校県費教職員の臨時教職員を、ここでは「非正規・再任用教職員」と呼ぶことにします。非正規・再任用教職員は、行政文書上では図表20のように分類さ

図表20　非正規・再任用教職員の種類

	勤務形態	種類
非正規・再任用教職員	常勤 　正規教員と同様、フルタイムで勤務	産休代替
		育休代替
		臨時的任用 （病休代替・休職代替を含む）
		期限付き任用
		再任用フルタイム
	非常勤 　契約した曜日や時間だけのパートタイム勤務	非常勤講師
		再任用短時間勤務
		育休代替短時間勤務

れています。

　では、非正規・再任用教職員は、どのくらい増やされているのでしょうか？　グラフ15は、「教職員実数調」という報告書から作成したものです。非正規・再任用教職員は、2007（平成19）年の6万3323人から2015（平成27）年8万9780人へと急増しています。ただし、この数字は5月1日現在の在職人数ですので、年間を通して見ると実際にはもっと多くの非正規・再任用教職員が存在していたと考えられます。

　また、短時間勤務者は、実人数ではなく**換算数**で作成しました。その理由は、非常勤講師などの短時間勤務者は、一人一人の勤務時間数が様々で、週に数時間の人もあれば、一日6～7時間といった人もあるからです。常勤者なら何人分にあたる人数かという数字に換算し、表示しました。

　換算数　非常勤職員全部の勤務時間の合計を、常勤職員1人の1ヵ月分の勤務時間数で割った数。常勤者の数に換算すると何人分になるかという数え方。

グラフ 15　公立小中学校非正規・再任用教職員数（2007 ～ 2015 年）

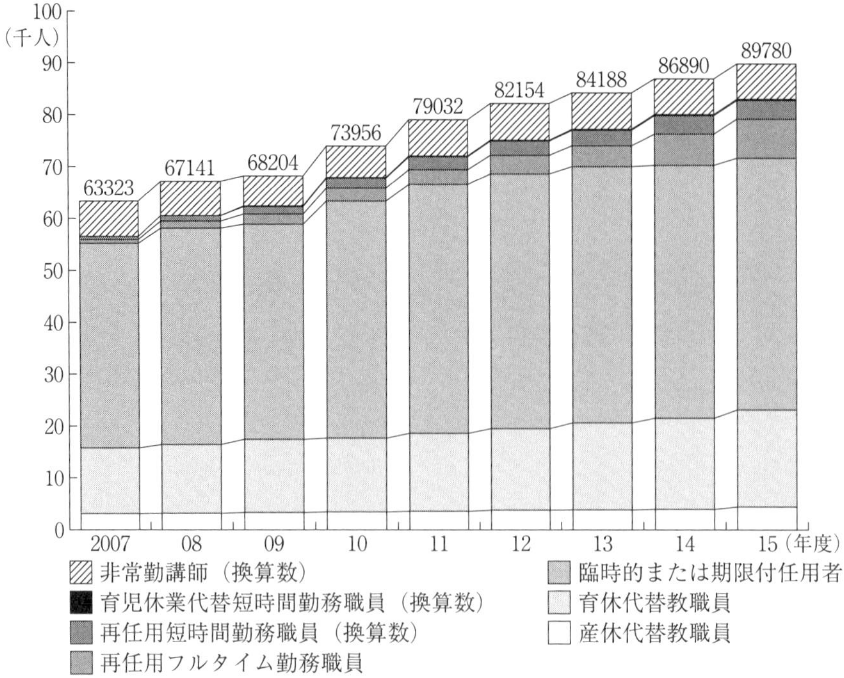
100
（千人）
90
80
70
60
50
40
30
20
10
0
63323
67141
68204
73956
79032
82154
84188
86890
89780
2007
08
09
10
11
12
13
14
15（年度）
非常勤講師（換算数）
育児休業代替短時間勤務職員（換算数）
再任用短時間勤務職員（換算数）
再任用フルタイム勤務職員
臨時的または期限付任用者
育休代替教職員
産休代替教職員

（出典）「教職員実数調」より山﨑が作成

1　非正規・再任用教職員の増やされ方

臨時的任用・期限付任用教職員

非正規・再任用教職員の増やされ方の特徴を見ていきましょう。

まず、グラフ 15 でもわかるように、非正規任用で一番多用されているのは、「**臨時的任用または期限付任用**教職員」です。1 日の法定労働時間は正規と同じで、一定の期間任用される教職員です。臨時的任用教員の職名は通

常「講師」ですが、県によっては「教諭」とされている場合もあります。[29]

　この「臨時的任用または期限付任用教職員」は、産休・育休・病気休暇・休職、長期研修などの代替、もしくは**定数内欠員補充**の教職員です。正規とまったく同じ、あるいはほぼ同じ教育活動を担う常勤の非正規教職員は、賃金・労働条件は正規に準ずるとされますが、一時金、昇給などで様々な格差があります。

非常勤教職員

　非常勤任用教職員は、1日の法定労働時間に満たない時間数で任用される

　　臨時的任用　地方公務員法第22条または第17条を根拠とする常勤での非正規任用。第22条には、任用には期限があり、最長6カ月で更新は一回限りとされています。しかし、任用を中断する数日間の「空白期間」を設けることによって、同じ学校や市町村に事実上連続任用されるという運用が多発している。
　　期限付任用　「一般職任期付職員採用等に関する法律」第4条を根拠とする常勤での非正規任用。期間は3～5年で、①一定期間内に業務終了が見込まれる場合、②一定の期間に限り業務量増加が見込まれる場合、などが任用条件となっている。育児休業代替なども6カ月を超える任用期間を付して発令される。
　　定数内欠員補充　本来ならば正規任用されるべき「定数」内の教職員数を、なんらかの理由で正規任用できなかったため、その「欠員を補充」するため臨時的な任用をする時に使用されている用語。この際の「定数」の内容が、言葉の使用者により違うことが多くあいまい。代替ではないという意味で使われることが多い。
　　非常勤任用　フルタイムではなくパートタイムとしての任用。非常勤講師（地方公務員法第3条3号、第17条、第22条）、再任用短時間勤務教職員（地方公務員法第28条の5）、育児休業代替短時間勤務職員（一般職任期付職員採用等に関する法律第5条）などの種類がある。

教職員のことです。労働条件、待遇の特徴は以下のようなものです。
- 特定の授業だけに責任をもつか、あるいは短時間勤務。
- 職によっては年間の出勤日数も上限が設定されている。
- 教員の場合、授業以外の校務は担当せず、諸会議への参加が求められないこともあり、教育活動への参加は極めて限定的（参加が認められたとしても無報酬であることが多い）。
- 勤務時間の単位が授業担当コマ数とされる場合、授業準備やテスト採点や処理などに要する時間に制約があり（まったく認めないケースもある）、それを超える場合は無給である。
- 賃金は、1時間あたり二千数百円程度。各種手当の支給なし。通勤費などを「費用弁償」としてわずかに支給の自治体もある。
- 研修の機会も保障されない。保障されたとしても、ごく短時間。

なお、グラフ16で非常勤任用者のデータは「換算数」という数値で表しています。実際に「非常勤」というかたちで働く人の数は、この3倍くらいです。

再任用教職員

　近年、**再任用**教職員が増やされています。再任用制度が始まって5年目の2007（平成19）年には1346名だったものが、2015（平成27）年には1万1087名と8倍以上に急増しています（グラフ15のフルタイムと短時間勤務（換算数）の合計数）。

　年金制度の改定により、2001（平成13）年度より公的年金の満額支給開始年齢が、段階的に60歳から65歳へ引き上げられることとなりました。再任用制度は、60歳定年者の「無賃金・無年金」状態が生じることに対して、定年退職と年金支給開始の時間的ギャップをうめあわせるために、退職した教職員や公務員を再雇用する制度です。

　2013（平成25）年3月26日には、政府が、60歳で定年退職する国家公務員の希望者全員再任用を義務付ける方針を閣議決定しましたから、地方公務

員においても、今後ますます増やされることが予想されます。

再任用教職員には、常勤として勤務する「フルタイム」と、非常勤で勤務する「短時間勤務」があります。定年退職者全員が無条件に再任用されるわけではなく、本人の希望に基づいて「選考」によって再任用決定される自治体が多いようです。

コラム　再任用の多用により学校は？

再任用は、労働者にとっては、定年後も年金支給年齢まで働くことができる制度として積極面をもちます。ですが、その任用が増やされていくと、その分、正規の新規採用は減らされ、教育現場の高齢化を進行させるなど、教育活動に様々な影響を及ぼすことが今後予想されます。[30]

そもそも、年金制度の改善がはかられなければなりませんが、教育現場で再任用教職員制度が有効にはたらくためには、再任用教職員の待遇改善と教職員配当基準外の配置[31]が必要でしょう。

2　教育現場に何をもたらしているか？

非正規・再任用教職員の果たしている役割

一人一人の非正規・再任用教職員は、毎日の教育活動に熱心にとり組んでいます。経験豊かな非正規・再任用教職員は、正規と同様あるいはそれ以上の役割を果たしています。

しかし、身分不安定で賃金・労働条件の劣悪な非正規・再任用教職員の増加は、学校の教育活動に見過ごすことのできない影響を与えていることは確かです。非正規・再任用教職員の身分や労働条件等の抜本的な改善が必要であることは当然ですが、非正規・再任用多用による教育現場での問題点を明

らかにしておくことも重要です。それは、非正規任用教職員を正規化することがなぜ重要かを示すことにもなるからです。

実力を充分に発揮できない

　非正規・再任用教職員は、賃金を低く抑えられています。労働条件も向上してきているとはいえ、制約があり、その実力を充分に発揮することができません。

　たとえば、おおむね１年以内の有期任用のため、「じっくりと腰をすえた教育」を行うことができません。また、正規採用を希望している教職員の場合は、教育活動を行いながら教職員採用試験の受験準備をしなければならず、どちらを優先させるべきか悩ましく、落ち着いて教材研究等に取り組めません。そのため、様々のストレスを抱えながらの教育活動となってしまいます。

　非常勤講師は、授業担当時間数とそれに一定割合でプラスされる時間数以外は、報酬の対象にカウントされません。そのため、非常勤教職員は、超過分のテスト採点、授業準備などの時間は、報酬の不払い労働となっています。また、数校掛け持ちや他職のアルバイトをしないと生活できないという方もいらっしゃいます。これでは、とうてい教育活動に専念することができません。

教育活動の集団性・継続性の確保を困難に

　学校教育は、その職務上、集団的、継続的な教育活動を必要とするものです。しかし、有期任用のため「来年は在籍しているかどうかわからないから、担任は持ち上がれない」「修学旅行の下見は行ったけれど、本番には行くことがかなわない」といったケースが生まれます。また、勤務形態によっては「職員会議や打ち合わせができないため、子どもの状況がわからないまま授業・指導せざるをえない」こともあります。

　毎日の学校生活を共にすることによって生まれてくる教職員どうしの相互理解や、子どもたちの姿に日々ふれることによる子どもと教職員との相互理

解があって、はじめて全人格を通した教育活動の営みが可能となります。有期任用の多用は、こうした学校のあり方を阻害する要因となります。

正規職員に仕事が集中、非正規にも過重な業務担当

　有期任用の教職員には、通常、主任など継続性が求められる重要な業務を担当させることはしない傾向があるので、その分、正規職員には重要な業務が集中し、負担が過重となります。

　学校、地域により違いはありますが、いまや小学校の約1割以上、中学校の約2割以上は非正規・再任用教職員であり、特別支援学校はさらにその割合が高い傾向が見られます。非正規任用が多くなってくると、本来なら正規教職員が担当すべき過重な業務も、非正規教職員が担当させられるという事態を生んでいます。

教職員不足により「教育に穴が空く」事態が広がっている

　学校では、教職員が突然事故に遭ったり、療養が必要になったり、妊娠や出産のために、あらかじめ予期できないタイミングで長期の休暇をとらなければならない場合があります。そんなときには、緊急に代わりの教職員が必要になり、正規の教員ではなく非正規の教職員が任用されてきました。

　しかし、産・育休や傷病休者が増えて代替の教職員が多く必要とされるとともに、近年、あまりにも多くの教職員が非正規任用されたため、年度の途中に臨時で任用しようとしても、人が見つからないケースが増えています。この問題を報じた2008（平成20）年11月6日放送のクローズアップ現代「教育に穴が空く——"非正規"教員依存のひずみ」（NHK）は社会に大きな衝撃を与えました。それ以来、この現象を「教育に穴が空く」と表現されることが多くなりました。

　朝日新聞2011（平成23）年1月10日の記事では、「教育に穴が空く」事例が、全国で少なくとも約800件に上っていたことが報道されていますが、その「空いた」教育の「穴」とは、どのようなものだったのでしょうか。

〔ケース１〕A市の中学校では、2008（平成20）年10月に数学の教師が突然辞職。これに続いて養護教諭、そして３年の理科担当教員が病休に入りました。受験を控えた３年生の理科の授業を空けるわけにはいかないと、急きょ１年の理科の授業をすべて自習にして、理科教員を３年の理科授業に投入しました。しかし、１年生の理科教員の代わりの非正規教員が見つからず、ついに３月終了までに１年生の理科の課程が終わらず、２年生になってから１年生の理科授業の穴埋めを数週間することになってしまいました。

〔ケース２〕B市の小学校では、新学期に２年と４年で急に２クラス増になりました。しかし、担任となる非正規教員が見つからず、入学式や始業式を含め４月12日まで担任発表も学校全体の教科担当発表もできませんでした。その間は、管理職と専科教員が学級担任と授業を担当しました。

〔ケース３〕C県の高校では、非正規教員がなかなか見つからず、ようやく赴任した方は71歳でした。この方も１カ月で病休になられてしまったそうです。

こうした事例が全国各地で生まれており、「空き」期間が210日という事例も報告されています。このように「教育に穴が空く」ことで、学校にもいわば「待機児童・生徒」が生じてしまっているといえます。

3　なぜ増やされているのか？

では、非正規・再任用教職員は、なぜこんなに増やされているのでしょうか？　その理由には、４つの事柄が関わっていると思われます。

理由１　費用を安上がりに
一番の目的は、教育にかかる費用を安上がりにするためです。

地方公務員の給与制度は、同じ雇用条件の同じ職級の職については同じ資格を必要とし、その職に就いている者に対しては、同じ幅の給料が支給されるように定められた**職階**制度をとっています。県費教員の場合、ほとんどの都道府県では、正規教員は「教諭」という職階で、給与条例の教育職給料表の２級が適用されます。しかし、非正規任用のうち一番割合が多い臨時的または期限付任用教職員は、フルタイムで正規とほぼ同じ仕事をしているにもかかわらず、「助教諭・講師」の職階で、教育職給料表１級が適用される都道府県がほとんどです。[33] １級の給料月額は、２級に比べ全体が低く抑えられており、その上、ある期間任用され続けると給料表の昇給が停止し（大阪府の場合、25年目で停止）、その後は昇給しない県もあります。

　ちなみに、大阪府の給料表（2012〔平成24〕年度）により試算してみたところ、大学卒業後22歳で教諭として採用された場合と、臨時的任用を続けた場合で60歳まで勤め続けたケースを比較すると、教諭（２級）と講師（１級）との差は、給料の支給額だけでも総額約3150万円になりました。調整額や期末勤勉手当、退職手当などは、給料月額を基礎として支給されるため、実際の格差は、それ以上となり、生涯賃金格差は１億円以上にもなりました。給与費削減の効果は非常に大きなものなのです（2017〔平成29〕年現在では、評価制度との関係が出てきたので、給料や昇給の制度全体が大きく変更されてしまい、このような単純な計算は必ずしもあてはまりません）。ただし、臨時的任用の期間は、最大１年の有期任用であって常に不安定ですから、実際にはこのように連続して任用されるケースはありえないといえます。

非常勤ではさらに低く

　非常勤任用教職員となると、金額はもっと低くなります。支払われる賃金

　職階　公務員が担当する具体的な役職の階級。教員の場合「校長」「副校長」「教頭」「主幹教諭」「指導教諭」「教諭」「助教諭」「講師」「養護教諭」「養護助教諭」「栄養教諭」等がある。

は、法律上「給与」ではなく「報酬」と呼ばれます。その報酬は、時間単価によって計算され、諸手当も社会保険もありません。すなわち非常勤任用に要する費用は、換算数の1人分で比べても、常勤の臨時的任用教職員に要する金額より、更に低くなります。その分、給与費削減効果は大きくなります。

グラフ16は、都道府県別に2015（平成27）年の非常勤化率（短時間勤務者数÷教職員実数）を表したものです。グラフからは、非常勤化率には、都道府県によって大きな差があることがわかります。非常勤任用を多用するかどうかは、都道府県の政策によるようです。非常勤化率が高いのは、愛知（3.7パーセント）、京都（3.2パーセント）、東京（3.0パーセント）、岡山（2.9パーセント）、神奈川（2.7パーセント）、岩手（2.6パーセント）です。これらの県は、突出して多いので、学校現場での困難な状況が予想されます。

コラム　教職員の兼務の広がり

非正規教職員が時間単位で任用される方式が導入されたと同時に、「教職員配置の弾力化」という言い方で、常勤教職員の兼務が行われるようになりました。週授業時間の少ない教科（中学の美術、音楽、技術・家庭など）の教員に、数校の兼務（かけもち）で授業・仕事をさせるのです。

これは、教職員の待遇としては常勤であっても、仕事のしかたについては非常勤と同じような問題が生まれています。つまり、学校の職員としての相互理解が薄くなり、子どもとの関係でも弱くなるという問題です。

再任用は正規だけれど

再任用教職員は、法的には非正規ではなく正規教職員です。しかし、賃金は定額、昇給なし（新規採用から数年目勤務くらいの水準）です。つまり、行政側の立場としては、「現場たたき上げの熟練教職員を激安で即戦力任用」

グラフ16　2015年　公立小中学校の非常勤化率（都道府県別）

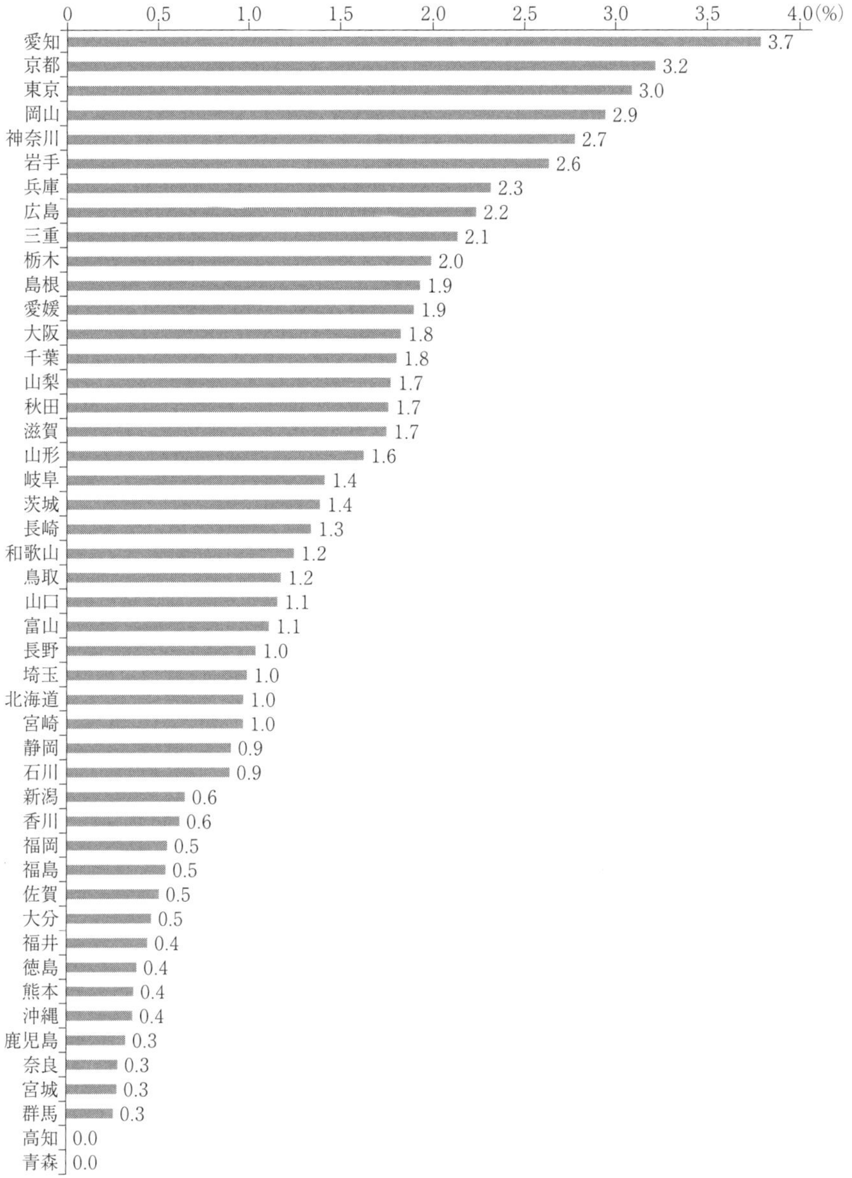
0
0.5
1.0
1.5
2.0
2.5
3.0
3.5
4.0(%)
愛知 3.7
京都 3.2
東京 3.0
岡山 2.9
神奈川 2.7
岩手 2.6
兵庫 2.3
広島 2.2
三重 2.1
栃木 2.0
島根 1.9
愛媛 1.9
大阪 1.8
千葉 1.8
山梨 1.7
秋田 1.7
滋賀 1.7
山形 1.6
岐阜 1.4
茨城 1.4
長崎 1.3
和歌山 1.2
鳥取 1.2
山口 1.1
富山 1.1
長野 1.0
埼玉 1.0
北海道 1.0
宮崎 1.0
静岡 0.9
石川 0.9
新潟 0.6
香川 0.6
福岡 0.5
福島 0.5
佐賀 0.5
大分 0.5
福井 0.4
徳島 0.4
熊本 0.4
沖縄 0.4
鹿児島 0.3
奈良 0.3
宮城 0.3
群馬 0.3
高知 0.0
青森 0.0

（出典）「教職員実数調」より山﨑が作成

できるメリットがあります。

　再任用の多用は、教職員の大量退職と年齢構成の若年化が進行していることとも関係しています。教育現場にベテランの教職員を確保したいという思惑も働いているようです。

常勤者一人分の給与費で数人の非常勤を
　2001（平成13）年の義務標準法第17条改正により、短時間勤務者であっても国庫負担の対象となりました。常勤者1人分の給与費で2～3人の非常勤教職員を任用できるこのしくみがつくられ、非常勤教職員が増やされる結果となりました。こうした、財政運用の方法を教育行政関係者は「定数崩し」と呼んでいます。

　また、2004（平成16）年の国庫負担の最高限度を決める方法が、総額裁量制へ変更されました。こうした制度を活用し、多くの自治体が非正規・再任用を多用するようになりました（総額裁量制と非正規・再任用教職員増の関係については、第5章で詳しく説明します）。

理由2　公務員削減方針と「教育改革」に対応
　一般的行政において、「公務員制度改革」が叫ばれ、2006（平成18）年、行政改革推進法によって公務員の正規職員の削減が法制化されました。それによって、公務員賃金の切り下げ、民間委託、臨時・非常勤配置などが強行されていきました。教職員についても、「児童及び生徒の減少に見合う数を上回る数の純減をさせるため必要な措置を講ずるものとする」（第55条）と

　定数崩し　2001（平成13）年の義務標準法第17条の改正で、非常勤者、短時間勤務者の数を標準定数として換算できることになり、国庫負担の対象とされることとなった。これを逆の形に表現した言葉。常勤者定数の1を、分割して数人の非常勤に崩すこと。2004（平成16）年の総額裁量制への変更により、さらに広がりを見せるようになった。

されました。

　このことによって、各地方自治体は、見通しをもった職員採用が困難となったのです。そこに団塊世代の定年と若年退職増が重なって、大量退職期となったという背景もあります。その退職者分を正規任用せず、人口減などによって職員が「余って」きてしまう場合に備え、いつでもリストラが可能な「調整弁」として、非正規・再任用されてきたという側面もあります。その結果、地方公務員における臨時・非常勤等職員の比率は33.1パーセント（都道府県レベルでは16.6パーセント、町村レベルでは38パーセント）となったという報道もあります。[34]

　文科省は、教育課程の改訂、授業時間の増、外国語や特別支援教育、IT教育、少人数指導の導入などの「教育改革」を推進していますが、国の予算は充分に確保されてはいません。基礎定数の充分な改善は行わないまま「改革」のための、国庫加配定数が増やされてきたことも、非正規・再任用教職員が増やされる原因となっています。なぜかといえば単年度ごとの財政折衝により決定される不安定な定数である国庫加配定数は、将来にわたって教職員給与費を確保できる見通しがないため、非正規・再任用とされやすいのです。

　また、少人数学級実現など地方自治体への住民の教育要求は高まる一方ですが、地方財政難の中、自治体独自の教育事業実施のため、国庫負担金の範囲内のやりくり算段で教職員定数配置を考える傾向が強まりました（第2章参照）。それらは、継続見通しのもてない単年度予算事業である場合が多い上、将来児童・生徒数の減少により事業が縮小・廃止された場合にも対応できる「調整弁」として非正規・再任用を多用しているという側面もあると思われます。

理由3　労働法制の抜け穴と法改悪

　非正規・再任用が多用される原因として、次にあげられるのは、法的な問題点です。そもそもの労働法制に抜け穴があり、それが放置されてきました。

図表21 地方公務員の類型と非正規・再任用教職員の分類

職区分	類型	採用の種類	任期	勤務形態	職務・期間・その他	教職員の分類
一般職	正式採用	地公法17条	期限なし	常勤		いわゆる「正規教職員」
			期限あり。労基法より最長3年	常勤	→ 一般職任期付法4条	
				非常勤	法の趣旨からは補助的業務	非常勤講師
	臨時採用	地公法22条	期限あり。期間6月で更新一回	常勤	①緊急の場合、②臨時の職に関する場合、③任用候補者名簿がない場合。常勤が原則。	臨時的任用者 産休代替教職員
		地公育児休業法6条1項2号	1年以内	常勤	代替される育児休業取得者の請求期間	育休代替教職員
	再任用	地公法28条の4	期間1年。原則、65歳まで更新可	常勤	本格的かつ恒常的業務	再任用フルタイム
		地公法28条の5		非常勤	本格的かつ恒常的業務	再任用短時間勤務教職員
	任期付	一般職任期付職員採用等に関する法律4条	期間3年から5年	常勤	①一定期間内に業務終了が見込まれる場合 ②一定の期間に限り業務量増加が見込まれる場合	期限付任用者
		同上5条	期間3年から5年	常勤	上記①、②の場合、③対住民サービスを向上する場合	
					④部分休業を取得した職員に代替する場合	育児休業代替短時間勤務職員
		地公育児休業法6条1項1号	期間3年から5年	常勤	代替される育児休業取得者の請求期間	育休代替教職員
特別職		地公法3条3項3号	期限あり。労基法より最長3年	非常勤	専門性・非専務制、法の趣旨からは補助的業務	非常勤講師

(出典)上林陽治『非正規公務員』P107 表6−1(2012年 日本評論社)を参考に山﨑が作成。

その上、次々と法律が改悪され、今後さらに改悪が進みそうな状況です。

地方公務員、教育公務員の任用根拠である地方公務員法(以下「地公法」)は、期限の定めのない常時必要な職については正規職員の配置を基本としています。地公法は、非正規職員の配置について、きわめて限定的なケースを想定して制定されており、現状の非正規教職員は法令上の根拠のいずれにもあてはまりません(図表21も参照)。

「臨時」が連続され、「有期」が継続される

法的な問題点の一つは、「臨時」のはずなのにそれが何年も連続され、「有

期」のはずなのにそれが無期のように継続されて、いつまでも正規任用されることなく非正規として任用され続けている例が多いことです。

　臨時的任用の根拠とされている地公法第22条2項は、臨時的任用が許される条件として三つに限定しています。①「緊急の場合」　②「臨時の職の場合」　③「任用候補者名簿がない場合」です。そして、臨時的任用の期間は、基本的には6月以内とされ、6月以内に臨時的任用の必要が解消される場合を想定（1回に限定して6月の更新が可）しています。

　しかし、実際には、何日かの「空白期間」を置いていったん任用を切った後、また続けて任用される例が少なくありません。その任用が違法とならないようにするためです。「臨時」が連続され、「有期」が継続される事例がまかりとおっているのです。

あいまいな法的根拠

　もう一つの法的な問題点は、根拠があいまいなまま、行政の都合のよいよう、任用されていることです。

　例えば非常勤講師の任用根拠とされてきた地公法第3条3項3号は、「主に特定の学識・経験を必要とする職に、自らの学識・経験に基づき非専務的に公務に参画する労働者性の低い勤務形態が想定される者[35]」である「特別職非常勤職員」のための条項です。その任用の職の例として、「臨時または非常勤の顧問、参与、調査員、嘱託員およびこれらのものに準ずる者の職」と限定的に列記しています。

　つまり、地公法が想定しているのは、雇用者の「指揮・命令」で業務遂行をしない、例えば臨時的な行政調査員、選挙管理委員などのような職です。この特別職非常勤職は、基本的には主たる収入が別にある者を想定した職であるといえます[36]。ですから、その職務に対する給付として、生活保障的な要素を含む給料及び手当ではなく、「報酬と費用弁償」が支給されるわけです。

　しかし、実際には必要なときだけ安く任用して、いつでも「使い捨て」できる都合のよい教職員として任用されており、本来地公法の想定した「非常

勤」とは違う任用がまかりとおってしまっています。

　そうした批判もあってか、最近になって非常勤職員の任用根拠とされてきているのが地公法第17条です。第17条は、職員の職に欠員を生じた場合、採用、昇任、降任、転任により職員を任命できるとしています。この第17条を「根拠」に任用されている職員は「一般職非常勤職員」と呼ばれています。しかし、第17条そのものは、地方公務員の「任命の方法」を述べている条文にすぎず、都合のよい法解釈と言わざるを得ません。現状の非常勤教職員の任用実態からみて、まったくあてはまらないといえます。

非正規任用の合法化

　上記のような法的な未整理の問題を解消するとして、政府は、2017（平成29）年5月11日、地公法と地方自治法等の改正を行いました。その主な内容は、①「特別職非常勤」を専門的な職に、「臨時職員」を正規職員の欠員が生じた場合に限定して、そのほかの「労働者性の高い職」は「新たな一般職非常勤」に分類する、②新たな一般職非常勤職員として「会計年度任用職員」を新設し、常勤職員の勤務時間と「同じ」か「短い」かを基準に、フルタイムとパートタイムとを設ける、というものでした（2020〔平成32〕年4月1日施行予定）。

　会計年度任用職員については、改正法にその業務に関する要件の規定がないため、まだはっきりとしたことはわかりませんが、教育職にも適用されてくることが予想されます。会計年度任用職員の任期は、「最長1年」（会計年度の範囲内）と法律で規定されています。従来の臨時的任用（地公法第22条）の任期も「原則1年以内」とされていましたが、実際には「再度の任用」を繰り返して長期に働いている人が多い実態です。この改正は、そういった現状を追認し、空白期間を設けることなく「合法的に」1年ごとの継続任用ができる根拠を与えるものになる可能性があります。いわば、公務員の非正規労働の無期限の延長に、この法改正がお墨付きを与えるようなものです。このような法改正では、逆に非正規任用の固定化と増加がいっそう進むことが

危惧_{きぐ}されます。

　現行法と実態の矛盾を解消するというならば、恒常的な業務を担っている非正規職員の任用が継続するような場合には、適切な業務遂行の実績をふまえつつ、本人の希望に基づき正規化がはかられるような整備がなされるべきです。また、短時間勤務の必要がある場合には、任期の定めのない短時間勤務職員制度の整備が図られるべきです。

理由4　管理・統制・支配との関係

　非正規・再任用が多用される原因として、もう一つ考えられるのは、国や行政が教育を管理・統制・支配する上では、非正規・再任用教職員は都合がよいことが挙げられます。

　身分が不安定なために、非正規・再任用教職員は、自らの教育的信念で教育活動をすることが難しく、「もの言わぬ（言えぬ）教師」となってしまいがちなのです。

　東京都や大阪府などでは、卒業式などで君が代を歌わなかった教師を再任用しないといった事例が発生しています。全国に広がる教育委員会主催の「講師塾」「教師養成塾」なるものも、教職を志す学生や非正規教職員を、「採用」とひきかえに教育委員会のいいなりにしようとする意図をもっているとも考えられます。

　また、少人数指導や習熟度別学級編制をはじめ、政府の進める「教育改革」事業を担っている教職員の大部分は、非正規・再任用教職員です。様々な異論や意見もあるこれらの「教育改革」に対して現場で疑問を感じたとしても立場や身分の不安定さから、それを積極的に主張しない「人材」として非正規・再任用の教職員が利用されているのではないでしょうか。

4　問題の解決のためには？

　それでは、非正規・再任用教職員問題を抜本的に解決するにはどうしたらよいでしょうか？　その点を考えてみましょう。

子どもと教育の問題ととらえる
　非正規・再任用教職員の問題は、教職員の労働の問題、任用の問題とされがちです。しかし、それは同時に、教育全体の問題であり、教職員の専門性を奪い、児童・生徒の学習権をおかすものだと考えるべきなのではないかと思います。
　1947（昭和22）年教育基本法（第6条）は、「法律に定める学校の教員は、全体の奉仕者であって、自己の使命を自覚し、その職責の遂行に努めなければならない。このためには、教員の身分は、尊重され、その待遇の適正が、期せられなければならない。」としていました。それは、戦前の教育が日本を戦争の道へと歩ませる結果となった深い反省からでした。
　2006（平成18）年に改定された教育基本法（第9条）でも「教員については、その使命と職責の重要性にかんがみ、その身分は尊重され、待遇の適正が期せられるとともに、養成と研修の充実が図られなければならない。」と根幹の部分は残っています。
　これまで紹介してきたような、身分が尊重されず、適正な待遇が保障されない、また研修の充実も図られていない状態では、どんな教職員もその力量を充分に発揮し、よりよい教育活動をすることはできません。ですから、子どもの発達を保障する学校教育の充実のために、非正規・再任用教職員問題は解決されなければならないと考えます。

非正規の正規化のために

　そのような政策の犠牲となり、長年にわたり任用継続を繰り返して働いてきた非正規教職員を簡単に雇い止めするようなことを許してはなりません。そのためには、まず正規採用数を抜本的に増やし、非正規の正規化をはかることが必要です。

　そのためには、教員採用試験の改善も必要です。教員採用試験の正式名称は「教員採用候補者選考試験」であって、一般公務員のような「競争試験」ではなく、「選考試験」であることをご存じでしょうか。本来の制度は、受験者が教員としての適性があるかどうかを判断し、適性があると判断された者については、採用候補者の名簿に登載するというしくみなのです。しかし、現在は点数化された試験成績の上位者から一定の人数を採用するための「競争試験」となってしまっています。そして、必要な正規教職員の数よりはるかに少ない人数で合格者数を設定して、計画的、意図的に欠員が生じる方法をとっているのです。

　そのような方法で「資質」も「能力」も「実績」もある非正規教職員に対して、「教員として適性がない」と不合格にしておいて、長年にわたり非正規で任用継続するというのは、許されることでしょうか。まず教員採用試験を、選考基準が透明化・公正化されたものとし、本来の選考試験にもどすべきです。また、採用試験の年齢制限を撤廃し、非正規での経験を考慮しつつ、希望する非正規職員の正規化をはかることが重要です。

　また、非正規であっても、教職員としての力量を形成する研修の機会を保障することも必要でしょう。「調整弁」として安易に雇い止めするのではなく、教職員の年齢別構成のバランスを保つことも考慮して、非正規教職員をすみやかに正規化していくことが重要です。

義務標準法の改正により教職員定数を増やす

　正規教職員採用を抜本的に増やすためには、教職員定数の大幅な改善をはかる必要があります。これまで述べてきたように義務標準法を改正し、学級

編制標準を少人数化して最低基準とし、単式普通学級は当面 35 人を最低基準に、複式学級や特別支援学級、特別支援学校の人数も改善することが必要です。少人数教育は習熟度別指導などの少人数授業ではなく、少人数学級編制を基本に推進するべきです。さらに「乗ずる数」の改善で担任外教員を増やすこと、教職員算定基準の改善で養護教諭、事務職員、栄養教諭・学校栄養職員などを増員することが求められます。そのために、教職員定数改善計画を策定し、将来の見通しをもった教職員の採用をすすめることが求められます。

　国庫加配定数については、単年度ごとの財政折衝により決定される不安定な定数のため非正規任用されやすくなっており、その内容を精査しながらなるべく基礎定数へと移行していくことが求められます。

　産休補助教職員、育児休業代替教職員などについては、グラフ 16 でも見たとおり、この間一貫して増加しています。特に、1992（平成 4）年、育児休業の取得が生後 3 年間可能とされたことで、大きな比率を占めることとなりました。必要数をある程度予測することができるので、安易な非正規対応ではなく、正規教職員のプール制を導入することも検討するべきです。

第5章　学校ブラック化の背景をさぐる

1　大阪の例から

教職員希望者が減っている

　最近、日本の労働者の働き方をめぐり、長時間過密労働や過労死、非正規化やワーキングプアなどの問題が大きくクローズアップされ、マスコミによって「ブラック労働」などと形容されるようになりました。その中で、教職員のブラックな働き方が改めて注目されるようになっています。

　2016（平成28）年の経済協力開発機構（OECD）の教育施策に関する調査結果[37]によれば、日本の教員の法定勤務時間数は加盟国平均よりも年に300時間前後も長く、最も長い国の一つです。また、国際教員指導環境調査（TALIS2013）で、中学教員の1週間の勤務時間が加盟国平均の38.3時間に対し、日本は53.9時間で最長であり、世界一忙しいと評価されました。しかし、実質給与は2005（平成17）年からの9年間でマイナス7パーセントとなっています。なかでも、初等・中等教育の教員の初任給はOECD平均を下回っており、「このことは、日本が優秀な高等教育修了者を教職に誘致するにあたって課題となっている」[38]と指摘されています。こうした長時間過密労働などもあって、教員志望者は減少する傾向にあり、2016（平成28）年度の小中高校教員の採用試験受験者数は4年連続の減少となりました。[39]

　2014（平成26）年、筆者は『週刊東洋経済』（東洋経済新報社）という雑誌の「学校が危ない」という特集（2014年9月20日号）のための取材を受けました。私の話を受けて記者が独自に取材された記事から一部を引用したいと思います（同誌38ページ）。

　「『大阪府さん、ありがとう』関西地方に住むある現役教師（筆者のこと——引用者）は、最近、大阪の隣接府県の教育関係者が、こんな本気とも冗

談ともつかない『感謝の言葉』を口にしていると聞いて驚いた。教師の年齢構成は50歳代が最も多く、これから大量退職が始まる。ベテラン教師の抜けた穴を補充するため、どの都道府県教育委員会も、のどから手が出るほど新任教師が欲しい。ところが関西地方では、大阪を忌避して隣接府県に流れる現役教師や学生が増えている。大阪府が教師の"供給源"になっているというのだ。」

「府内の校長や教頭らから成る大阪府公立学校管理職員協議会が今年2月に実施したアンケート調査結果は衝撃的だ。府内1100校の校長らに尋ねたところ、府内の現役教師が仕事を辞め、他府県で新たに教師になるケースが急増しているという。2011年度からの3年間で兵庫の15名を筆頭に、奈良、徳島県の各7人など少なくとも39人に上る。しかも、他府県に流出するのは若手教師が多い。28歳（9人）、27歳（8人）、33歳（7人）と、20代後半から30歳代前半の若手教師ばかり。」

「大阪府内で勉強時間の取れる非常勤講師を続けながら、大阪府・市の教員採用試験を受験せず、他府県の教師を志望する『教師の卵』も増えている。こうした教師の卵やすでに教師生活をスタートさせた若手が、大阪の教師生活に見切りをつけ、故郷や大阪周辺で再出発しようと考えている。」

　記者は、このような事態を「現代の『逃散（ちょうさん）』」と表現しています。いったい、大阪府の教育現場には何がおこっているのでしょうか？

「大阪維新の会」府政による「教育改革」の結果

　グラフ17は、大阪府の公立義務制の教職員給与費実支出額と教職員実数を2006（平成18）年度〜2013（平成25）年度の8年間について比較したものです（経年の変化をわかりやすくするために、グラフの支給額の位取りを〔左目盛り〕2500億円、〔右目盛り〕4万2000人から始めています）。これは、とても奇妙なグラフです。教職員実数は増え続けているのに、教職員給与費実支出額が減り続けているのです。教職員数を増やせば、当然そのための給与費

第5章　学校ブラック化の背景をさぐる　117

グラフ 17　大阪府公立義務教育諸学校の教職員給与費実支出額と教職員実数

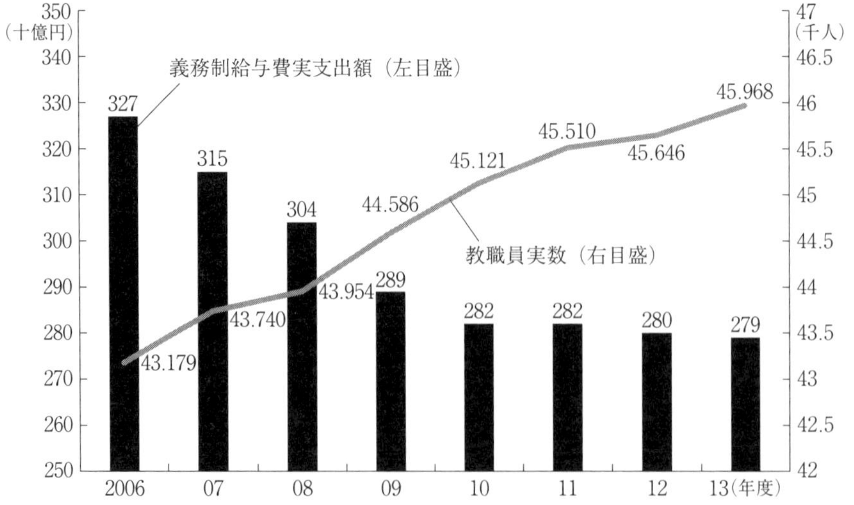
(十億円)
350
340
330
320
310
300
290
280
270
260
250
(千人)
47
46.5
46
45.5
45
44.5
44
43.5
43
42.5
42
義務制給与費実支出額（左目盛）
教職員実数（右目盛）
327
315
304
289
282
282
280
279
43.179
43.740
43.954
44.586
45.121
45.510
45.646
45.968
2006
07
08
09
10
11
12
13(年度)

（出典）「決算額等調書」「教職員実数調」より山﨑が作成

が増えるはずなのに、大阪府はいったいどのような財政運営を行っているのでしょうか？　そのカラクリを解明するために、大阪府の財政データを分析してみることにします。

グラフ 18 は、2004（平成 16）年度から 2013（平成 25）年度までの大阪府の教育費の総額と一般会計に占める割合を表したものです。棒グラフの 2007（平成 19）年度までは太田房江知事時代のもので、2008（平成 20）年度からは「大阪維新の会」の橋下徹・松井一郎知事時代のものです。教育費総額としては、府政交代時から大幅に減額されていることがわかります（棒グラフは比較しやすいように 580 億円から始めています）。

深刻な財政危機の中で 2008（平成 20）年に府知事に当選した橋下知事は、就任するやいなや、「大阪府は破産状態」として「財政非常事態宣言」を発令し「財政再建プログラム」に取り組みました。その結果、2007（平成 19）年度の 741 億円から 2008（平成 20）年度には約 117 億円分「収支改善させた」と橋下知事は胸を張りましたが、それは 48 億円も教育費を削減した結

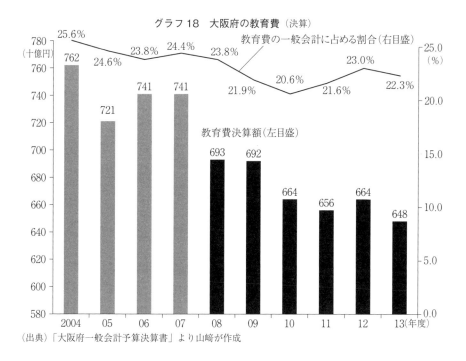

グラフ18 大阪府の教育費（決算）
（出典）「大阪府一般会計予算決算書」より山﨑が作成

果でした。橋下氏の府知事選挙公約のトップは「子どもが笑う、大人も笑う大阪に」であったにもかかわらず、教育費を大幅に削減したのです。

教職員給与費抑制・削減のあの手この手

「大阪維新の会」府政が大幅削減した教育費の内容を分析すると、そのほとんどは教職員給与費であることがわかりました。橋下知事は、いじめ・体罰、卒業式などの日の丸・君が代、全国学力テストの成績、労働組合員の組合活動などあらゆる問題を利用し、マスコミを通じた公務員や学校・教職員に対するバッシングを展開しましたが、それによって「公務員、教職員給与費減額は当然」という世論をつくりました。

そして、「財政再建プログラム」による職員給与月額3.5～16パーセントカット、ボーナス4～10パーセントカット、退職手当5～10パーセントカ

第5章　学校ブラック化の背景をさぐる　119

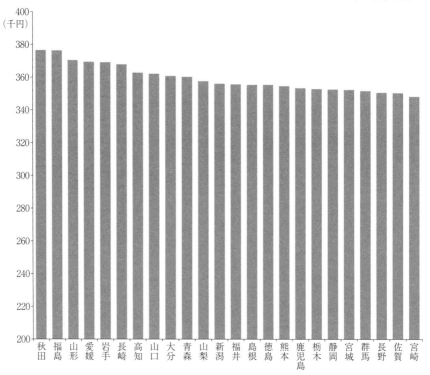

グラフ19　公立小中学校教職員の

(出典)「現員・現給等調書」より山﨑が作成

ット（職階により率がちがう）などの給与費大幅削減を強行しました。その結果、全国トップレベルだった大阪府の教職員給与水準は、瞬く間にワースト1位まで落ち込むことになりました。グラフ19は、2015（平成27）年度の小中学校の教職員平均給与月額を都道府県別に表したものです。全国平均の給与月額34万8328円に対し、大阪は全国最低の32万3743円と、2万4585円も安くなっています。

　グラフ20は大阪府と全国平均の小中学校の教職員給料月額[40]の推移を表したものです。全国的にみても教職員の平均給料月額は下がる傾向にありますが、2007（平成19）年度以降、大阪府の平均給料月額が全国平均を大きく下

平均給料月額（2015年）

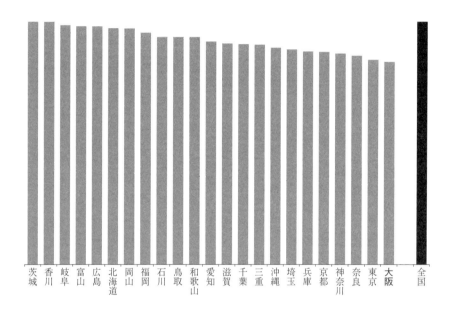

茨城 香川 岐阜 富山 広島 北海道 岡山 福岡 石川 鳥取 和歌山 愛知 滋賀 千葉 三重 沖縄 埼玉 兵庫 京都 神奈川 奈良 東京 大阪　全国

回っていることがわかります。

　ただし、これらのグラフの平均給料月額の低下傾向は、給与・手当のカットだけでなく教職員年齢構成の若返りも大きな影響を与えています。大量の退職と新規採用が続く東京都、神奈川県などの大都市圏も同様の低下傾向がみられます。

　さらに、このような大阪府の教職員給与費削減を可能にした要因は、非正規・再任用教職員の多用にもあります。2007（平成19）年度には3997名だった非正規・再任用教職員数は、2015（平成27）年度には7926名に大幅に増加しました（グラフ21）。

第5章　学校ブラック化の背景をさぐる　121

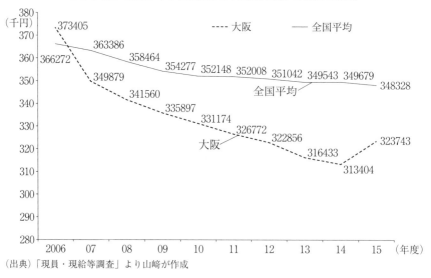

グラフ20 公立小中学校教職員の平均給料月額（大阪府と全国）

（出典）「現員・現給等調査」より山﨑が作成

　グラフ22は、大阪府と全国の公立小中学校教職員の**政策的非正規・再任用率**をグラフにしたものです。政策的非正規・再任用率とは、計算に産・育休代替教員を含めず、非正規化されにくい管理職を除いた教職員実数で割り算して比率を計算したものです。教職員の若返り方は地方によって異なるため、その影響を受ける産・育休者の増え方も異なってきます。代替職員はほとんどの場合、非正規教職員となっていますので、他地域との公平な比較ができません。そのため産・育休代替の数を含めずに計算することにしました。この数字が、本来なら正規で任用するべき教職員を定数内欠員補充として臨時的任用するなど、給与費抑制・削減のため「政策的に」非正規・再任用を

政策的非正規・再任用率　（非正規・再任用教職員数－産・育休者）÷（教職員実数－校長数）で比率を計算している。年齢構成の若年化の進む地域とそうでない地域との非正規・再任用率を公正に比較するため、「調べる会」として計算している値。

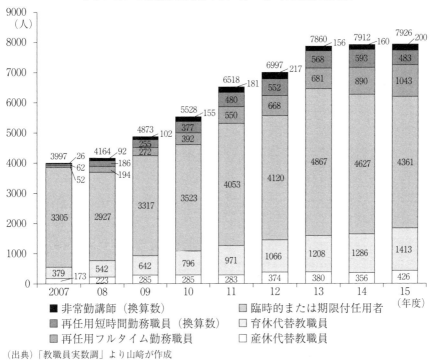

グラフ21 大阪府公立小中学校の非正規・再任用教職員数

(出典)「教職員実数調」より山﨑が作成

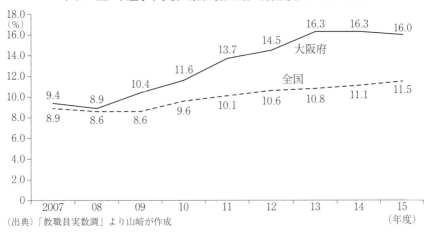

グラフ22 公立小中学校の政策的非正規・再任用率（大阪府と全国）

(出典)「教職員実数調」より山﨑が作成

第5章 学校ブラック化の背景をさぐる 123

行っている割合を示していることになります。ただし、傷病休者の代替教職員については、「教職員実数調」においては不明のため、その部分は含まれています。

　グラフ22から、政策的非正規・再任用率は、全国的にも2007（平成19）年度の8.9パーセントから2015（平成27）年度の11.5パーセントへと増加しています。その中でも、大阪府は9.4パーセントから16.0パーセントへと急増して、全国平均を4.5ポイントも上回っています。グラフ23では、2015（平成27）年度の大阪府の政策的非正規・再任用率が全国的にも非常に高く、ワースト4となっていることがわかります。

　さらに、大阪府では、「定数崩し」を多用し、短時間勤務での非正規・再任用が大変多くなっています。グラフ24は、大阪府公立小中学校の教職員全職種の、実数合計と標準定数の差と、教職員の常勤者数（非正規・再任用教職員も含む）と標準定数の差を比べたものです。〈実数合計－標準定数〉（グラフでは実線）の値は、定数超過数を表します。この値だけを見ていると、大阪府の教職員数は標準定数を充足しているように見えます。しかし、〈常勤者実数－標準定数〉（グラフの破線）の値は急激に低下しており、実線の値と破線の値の間隔が開いていっています。この部分がすなわち非常勤化された数ということになります。

　つまり、大阪府の教職員実数合計が標準定数を上回っていても、それは、「定数崩し」によって非常勤教職員が増やされた結果であって、常勤者は逆に減らされていることを示しています。常勤（フルタイム）の教職員がどんどん非常勤者に置き換えられているのです。

　ですから、大阪府の学校現場では、学級担任をはじめ主要な業務を担当しない（できない）で、数時間の授業や業務だけを担当する（しかできない）パートの教職員が多くなる一方で、主要な業務を担当する常勤の教職員がどんどん減らされているということなのです。第2章から第4章で説明したように、これでは正常な学校運営が難しくされてしまいます。

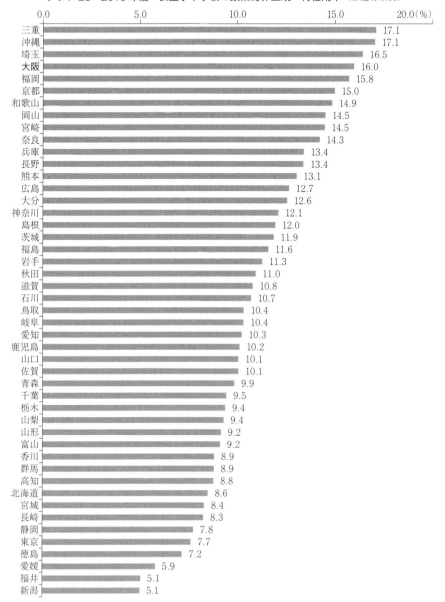

グラフ23　2015年度　公立小中学校の政策的非正規・再任用率（都道府県別）

(出典)「教職員実数調」より山﨑が作成

グラフ24 大阪府公立小中学校の教職員実数合計と標準定数の比較

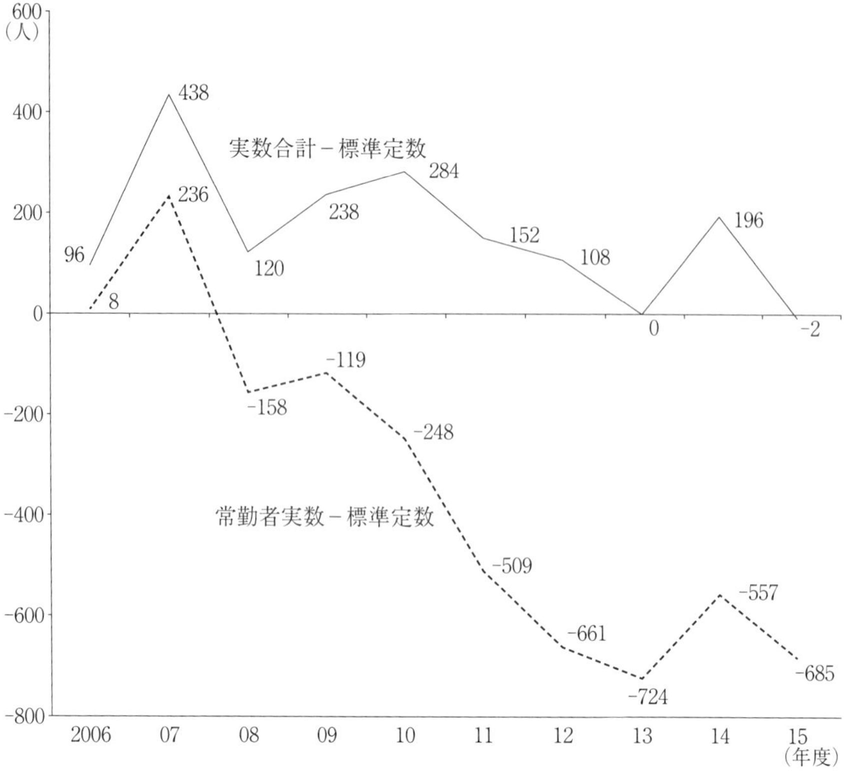

(出典)「教職員実数調」「教職員定数算定表」より山﨑が作成

ブラック化する学校現場のウラ

　大阪府は、以上見てきたような様々なやりくりによって教職員給与費を極限まで削減しながら、見かけ上の教職員数は増やし続けてきました。ブラック化する学校現場のウラでは、このような教職員給与費削減政策と教職員の「非正規・再任用化」と「非常勤化」の進行があるのです。

　その結果、先に述べたような長時間過密労働や教員志望者の減、教員不足による「教育に穴が空く」などの深刻な事態が生まれています。それらの事態を生んでいる原因については、「大阪維新の会」府政が「大阪の教育改革」

としてすすめた、教育基本条例や学力テスト、教員評価、民間校長登用などの様々な教育施策の結果であると指摘されることが多いようですが、こうした見えにくい財政面での「しかけ」についても知っておく必要があります。

　ここまで、大阪の例について検討してきましたが、こうした「しかけ」は全国でも展開されています。この「しかけ」は、どのような理由づけのもとに進められているのでしょうか。次に、政府の政策についてその論理を見ていくことにしましょう。

2　定数削減の政府の主張を考える

「働き方改革」でなく教職員と教育費の増を

　教職員のブラックな働き方が問題視され、ようやく政府や行政がその改善に乗り出そうという動きがあります。2017（平成29）年6月22日、文科大臣は中央教育審議会に、小中学校教員の長時間労働解消に向けた負担軽減策を検討するよう諮問しました。しかし「働き方改革」というネーミングからもわかるように、「教職員の『働き方』を見直して改善しよう」というその主要な論点に、「教職員と教育費を増やす」ことは入っていないようです。

　筆者は、最近依頼された講演や、研究会などでの報告の際、「今の教育現場に足りないのは、愛と情熱ではなく、ヒト（教職員）とカネ（教育費）だ」と強調しています。ブラック化する教育現場を改善し、きめ細かくていねいな教育を実施していくためには、教職員定数の大幅増と教職員給与費を含む教育費の大幅増こそが必要だからです。すると、会場からは必ず共感の「笑い」が起こります。

　しかし、政府や行政は、そうした教育条件の整備には目を向けず、むしろ悪化させる政策をとりながら、「教育改革」の名のもとに現場教職員に子どもへの献身的な愛と情熱の発揮を強調するばかりです。その結果がブラック

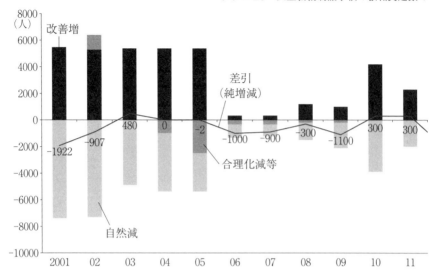

グラフ25 公立義務制諸学校の教職員定数の

(出典)「文科省予算書」より山崎が作成

労働になってしまっているのですから、「働き方改革」という方向性では根本的解決はなされないでしょう。ここでは、教職員定数と教職員給与費をめぐる政府内の議論を振り返り、その削減の論理について検討したいと思います。

大幅な減が続く教職員定数

　まず、教職員定数はどれほど減らされているでしょうか？　2001（平成13）〜2017（平成29）年度の16年間における、国庫負担金予算ベースの教職員定数の変化はグラフ25のとおりです[41]。

　2001（平成13）年の義務標準法改正直前、文科省は、「学習集団の少人数化」を図るとして第7条2項の中に「少人数授業」の規定を新たに付け加え、少子化等による教職員定数の基礎定数部分での減少分を、少人数授業のための「指導方法工夫改善加配」の増に振り向けると説明していました。しかし、

改善状況（2001〜2017年）

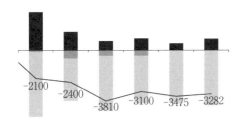

そのためにつくられた第7次教職員定数改善計画が5年間で終了した後は、加配の増はほとんど行われることがなくなりました。

　2006（平成18）年には、行政改革推進法が成立し、教職員定数についても「純減」[42]が求められることになりました。それ以降、長期的な定数改善計画は策定されていません。その結果、2006（平成18）〜2008（平成20）年度は、定数全体で300人〜1000人程度が毎年削減され続けています。

　民主党政権への政権交代後の2010（平成22）年度と2011（平成23）年度には、加配定数の増、小1の35人学級化などにより差引（純増減）[43]で300人増となりました。2012（平成24）年度では、小2への35人学級化に対する加配定数を含め2900人増加しましたが、一方で児童生徒数減による自然減が4900人あり、差引（純増減）では2100人減となりました。

　自公政権への再交代後の2013（平成25）年度の予算においては、加配定数増は800人にとどまり、政策減600人と自然減3200人を合わせると定数全体では2400人減となりました。2014（平成26）年度では3810人減、2015（平成27）年度では3100人減と2年連続で3000人を上回る削減となりました。2016（平成28）年度には、政策減が行われなかったものの、加配定数改善増525人に対して、やはり大きな自然減4000人があり、差し引き（純増減）では3475人の減となりました。

　2017（平成29）年度は、通級指導教員などの国庫加配定数の一部基礎定数化により473人増、国庫加配定数増395人で、合計868人の増ですが、自然

減が4150人となるため、差し引きで3282人の減となっています。このように、自公政権への再交代後は、教職員定数の大幅な減が続いている状況です。

なお、グラフ26は前年度の定数を「0」として前年度に対する各年度の増減を表現しています。ですから2001（平成13）年度から2017（平成29）年度の16年間における教職員定数の変化は、2万3218人もの減となります。

この間の予算編成における財政折衝では、「教育改革」を推進するために教職員定数の加配部分の増を要求する文科省と、財政再建を優先し教育費を削減するために教職員定数を削減しようとする財務省とが、お互いの主張を展開して「対立」してきました。財務省の主張と文科省の反論は、両省の諮問機関である財政制度等審議会や中央教育審議会などにおいても行われ、議論となりました。その教育費削減論について、特徴的な点をあげて検討してみたいと思います。

教育費は「未来への投資」か？

2015（平成27）年6月1日、財政制度等審議会は、小中学校の教職員4万2000人の削減などを求める「財政健全化計画等に関する建議」（以下「2015建議」）を発表しました。今後の少子化見通しを踏まえて機械的に試算をすれば、①2024（平成36）年度までに基礎定数分の教職員数3万7700人の自然減が見込まれ、②それと同率で4214人の加配定数が「当然減」となる。合わせて4万2000人を削減すべきであるから、③今後「定数合理化計画」を策定し、毎年度の予算編成に反映すべきだというものでした。

「2015建議」はその中で、近年、「公財政支出については、少子化が進む中で低下しておらず、児童生徒1人当たりの支出額は平成元年度以降、約6割も増加している」、日本の小中学校向け「公財政支出（対GDP比）はOECD諸国と比較して低いとの議論があるが、これは子どもの数（総人口に占める割合）が少ないことによるものである」などと述べています。国の教育費支出を子ども1人あたりで計算すれば予算増となっており、国際的比較においても妥当な水準であるというわけです。そして、少子化による子ども

の減少の進行度合いに比べ、教育費の減り方が少なすぎるとして、既存の教職員配置や学校運営の効率化を主張しています。そして「より費用対効果の高い施策に予算を重点化する」ため、教職員定数を減らし、地域人材の活用や専門スタッフの増加に振り向けるなどの教職員定数の転用、学校統廃合による学校減などの政策を提言しています。

　この主張には、「機械的試算」というその計算方法にも問題を指摘できるのですが、そもそもの議論が逆立ちしていないでしょうか？　この論理に従えば、少子化が進めば教育費を削減すべきということとなってしまいます。現代日本において子どもが減少した理由は、子育てにかかる費用が増大しているからであることはあきらかで、教育費を削減すれば、さらに少子化が進んでしまうのではないでしょうか。

　「学力向上」に直接結びつかない教育施策や小規模校の維持などに教育費を支出することは非効率だという論理は、財務省が教育費というものを「グローバル人材育成のコスト（投資的経費）」としか考えず、その「費用対効果」ばかりを検討しているところから来ていると思われます。答申などでよく使われる「教育は未来への投資」という言葉は、国家の利益を生まない人材のために資本を投下するのは、経済的損失だといわんばかりです。

　「投資」とは、利益を得る目的で、資金を証券・事業などに投下すること。転じて、リスクを前提に相応の見返りを期待して何かに金銭を投じる行為全般を指します（三省堂『大辞林』）。これを教育に置き換えて考えれば、利益を得る目的で、「税金や家財」を「子どもや教育施策」などに投下することになるでしょうか。しかしこの場合、教育における「利益」とは何でしょう？　財務省や文科省は、それをグローバル経済で活躍できる人材の育成だとして、「相応の見返り」を得る費用対効果において、国家の投下する教育費の量を測り、決めようとしているのだと思います。

　今、この国は「人格の完成」（教育基本法）のための教育ではなく、「国家のための人材育成」のための教育を、あからさまに進めようとしているようです。

第5章　学校ブラック化の背景をさぐる　131

学力向上の証拠を見せろ？

　2016（平成28）年度の予算折衝においては、ここ数年焦点となってきた少人数学級制を含む少人数教育について、まったく検討されませんでした。文科省が、少人数学級制にかかわる予算を、概算要求さえしなかったからです。

　財務省は、少人数学級については子どもの教育環境が改善するとの意見もあるが、客観的・具体的な指標でそれを示すエビデンス（科学的論拠）はなく、また、他の代替的施策との費用対効果の比較も充分になされていないと主張し、文科省に対しエビデンスにもとづく教育施策の成果の立証を執拗に求めています[44]。それに対し文科省は、全国学力テストの結果を研究者に提供するなどして、今後教育効果を検証する方針であると伝えられています。

　しかし文科省自身が、全国学力テストの実施要領において「調査により測定できるのは学力の特定の一部分であること、学校における教育活動の一側面であることなどを踏まえるとともに、序列化や過度な競争が生じないようにするなど教育上の効果や影響等に十分配慮することが重要である[45]」としているのです。学力テストで測られる学力は、子どもの学力の総体のほんの一部にすぎません。

　ですから、学力テストの結果によって少人数学級制や教職員増員などの施策が有効であることを証明しようとする文科省のやり方は、筋が通っていません。なぜなら、教育という営みの成果は簡単に数量的に測れるものではないからです。

　文科省が財務省と同じ土俵に立ち、「グローバル人材を養成するための投資」としてその費用対効果で教育費を算定しようとする限り、財務省に対する文科省の敗北は必至だと思います。むしろ逆に、極めて限定された条件下で得られた結果をエビデンスだと一般化され、文科省の要望する施策は否定されて予算を削減される結果となるのは、目に見えています。

人材育成ではなく「人格の完成」

　根本問題は、何のために教育施策を行うのかです。教育とは「個人として

尊重される」(憲法第13条)国民に対し「教育を受ける権利」(同第26条)の保障として「人格の完成を目指し」(教育基本法第1条)て行われるものです。

　こうした難しい法律の条文も、英訳してみるとその解釈がはっきりすることがあります。教育基本法の政府英訳[46]では「人格の完成」は、full development of personality とされています。つまり、その人らしく全面的に発達するために教育を受ける権利があるというのが、憲法・教育基本法の原則なのです。

　ですから、少人数学級制推進を含めた教育条件整備の問題も、子どもの発達と権利の観点から考えられるべきです。財務省が主張する少人数学級制の教育効果否定論は、日本の教育の現実を直視せず、机上の空論ともいうべき論理と、意図的な統計操作で教職員・教育費削減を合理化しています。それに対する文科省の反論も、人材育成・学力向上論の同じ土俵の上に立つものであり、教育に責任を負う省の立場としては、不適切です。

　少人数学級制の教育効果については、すでに実施している自治体や研究者により様々な報告がなされており[47]、その推進を望む声はもはや国民世論といってよいものです。にもかかわらず、いっこうに少人数学級制を進めようとしないのは、学級数が教育費に大きな影響を及ぼすからです。いま日本では、教育のあり方をめぐり、すべての子どもの全面的な発達のために教育条件の改善を求める国民と、グローバル人材を効率的に養成したい政府(財務省＋文科省)との間で、学級の上限人数をめぐる対決がたたかわれているといえるでしょう。

第６章　義務教育を支える財政のしくみ
　　　──教職員給与費は多すぎるか？

1 教職員給与費を国が支える意味

　国においても自治体においても、教育費全体の7～8割を占めるのは教職員給与費です。そのため、国や自治体が財政難となるたび、教職員給与費が財政支出削減のためのターゲットとされてきました。現在も財務省などは「教育費が教職員給与費に偏っている」と問題視し、教職員給与費の削減を強く主張しています。

　しかし、人間を教育するのは人間なのですから、教育費に占める教職員給与費の割合が多いのは、当然のことです。教職員給与費の比率が高い1つの理由は、国や自治体が教職員給与費以外の教材費、学用品費等の教育活動に直接かかわる費用の多くを、保護者の私費負担に依存してきた結果です。国際比較においても、2013（平成25）年の小学校から大学までの教育支出に占める私費負担の割合は、OECD（経済協力開発機構）平均16パーセントに対し、日本は28パーセントとかなり高くなっています。[48]つまり教職員給与費以外の教育費の公費負担割合が低いから、教員給与費の割合が相対的に高くなってしまっているのです。

　また、日本の教職員給与費の水準が不当に高すぎるわけでもありません。石井拓児氏（名古屋大学）は、次のように指摘しています。

　「医療・介護・住居分野等のあらゆる場面で福祉国家的諸制度確立がきわめて貧弱であった戦後日本において、労働者の賃金は『生活給』として支給されることになる。そのため、育児・住居・交通等の諸経費は賃金に上乗せされ、とりわけ子育て費用が高くなる中高年世代に賃金が高くなる、いわゆる年功序列型の賃金カーブが形成される。これが民間に準拠して決定される教員給与等に反映するため、諸外国とくらべて高い教員給与費が支弁されてきたのである。」[49]

しかし、近年はこうした日本の年功序列型賃金制度や雇用制度は大きく崩れ、教職員給与においても、2005（平成17）年から2014（平成26）年の間に約7パーセント減少しています（OECD平均では1〜4パーセント上昇）。また、給与額での国際比較は、物価や為替相場等の関係で慎重に行わなければなりませんが、**購買力平価**による米ドル換算額では、日本の中学校教員の平均給与額はほぼOECD平均並みであり、初任給ではすでにOECD平均額を下回っています（138ページのグラフ26）。

教職員給与に対する「国庫負担制度」とは？

そして、日本において、教育費に占める教職員給与費の割合が高いもう一つの理由は、教育費の公的支出を保障する財政制度が不充分な中でも、最もお金のかかる教職員給与費については、国が保障する法制度が、比較的確立されてきたからです。それが義務教育費国庫負担制度です。

義務標準法は、教育の機会均等とその水準の維持向上を目的として、学級編制と教職員配置の適正な「標準」を定めています。**義務教育費国庫負担法**（以下国庫負担法）は、教職員給与費を負担する都道府県に対し、その実支出額の半分（2007〔平成19〕年以降は1/3）を国庫負担することにより、都道府

購買力平価 各国の通貨がそれぞれ自国内で商品・サービスをどれだけ購買できるかという比率。

義務教育費国庫負担法 第1条　この法律は、義務教育について、義務教育無償の原則に則り、国民のすべてに対しその妥当な規模と内容とを保障するため、国が必要な経費を負担することにより、教育の機会均等とその水準の維持向上とを図ることを目的とする。

　第2条　（前略）（義務教育諸学校）に要する経費のうち、次に掲げるものについて、その実支出額の三分の一を負担する。ただし、特別の事情があるときは、各都道府県ごとの国庫負担額の最高限度を政令で定めることができる。

グラフ26 国公立教育機関における教員の

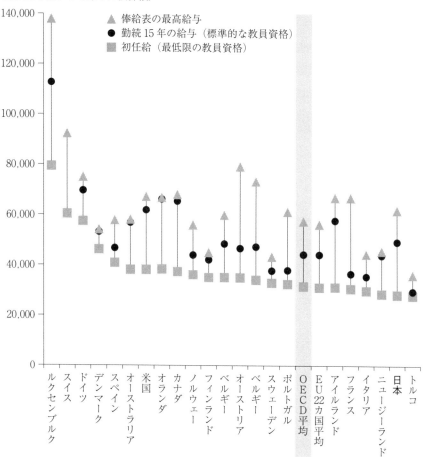

1. 実際の基本給。
2. 俸給表の最高給与（最高の教員資格ではなく、標準的な教員資格）。
3. 俸給表の最高給与（最高の教員資格でなく最低限の教員資格）。
4. 2013年のデータ。
5. 超過勤務に対する特別手当の平均を含む。
左から順に、前期中等教育機関における教員（最低限の教員資格を有する）の初任給の高い国。
（出典）OECDインディケータ2016年版　カントリーノート　日本

年間法定給与（購買力平価による米ドル換算額）

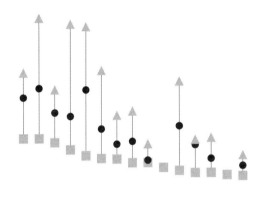

県がその「標準」を達成することを財政的に保障してきました。義務教育費国庫負担金は、文科省関係予算全体の約3割を占める最大費目（2017〔平成29〕年度は1兆5248億円）となっています。

そして、教職員給与費の残りの半分（2007〔平成19〕年以降は2/3）も、国が自治体に交付する**地方交付税**によって手当てしてきました。地方交付税の額は、国の基準に従い、同自治体の税収見込み等から算定する**基準財政収入額**と**基準財政需要額**との差額として算定されます。つまり、各自治体の財政力に応じて地方交付税で措置される制度です。

基準財政需要額は、経費の種類ごとに、測定単位（指標）と単位費用（単価）が設定され、これらを掛け合わせたものに、各自治体の自然的・社会的条件を考慮した補正係数を乗じて求められるしくみとなっています。教職員

第6章 義務教育を支える財政のしくみ

の標準定数は、都道府県の基準財政需要額のうち、教育費を算定する測定単位になっているのです。

憲法が保障する教育のナショナル・ミニマム

では、どうして教職員給与費がこのように手厚く国により保障されてきたのでしょうか？ それは、日本国憲法に根拠があります。

憲法は、第26条に「能力に応じてひとしく教育を受ける権利」を保障し、義務教育は無償と規定しています。義務教育の無償を国民に保障するために、学校教育において一番お金がかかる教職員給与費を基本的に国が保障し、授業料は徴収しないことが実現されているのです。

そのほかにも、「義務教育諸学校施設費国庫負担法」により、市町村に対して学校施設の新増築について原則1/2を国が負担することとされています。また、義務教育における教科書については、国民の要求を受けて、1963(昭和38)年、無償で給与する法律がつくられました。

この憲法第26条にもとづいて、国がすべての子どもたちに等しく保障するべき最低限度の教育水準を、「教育の**ナショナル・ミニマム**（国家最低限)」

地方交付税 地方自治を担う地方自治体が、税収の不均衡により行政運営の自主性を損なうことのないように、国が調整のため交付基準の設定を行い、必要な財源を確保し地方に交付する制度。

基準財政収入額 地方交付税の算定に用いられる、各自治体が標準的な状態で徴収できる税収のこと。基準財政収入額＝標準的税収入見込額×基準税率（75％）

基準財政需要額 地方交付税の算定に用いられる、各自治体が必要とする一般財源額のこと。基準財政需要額＝単位費用×測定単位×補正係数

ナショナル・ミニマム すべての人々が「人間の尊厳に値する生活」を営むために、国が保障すべき、社会諸領域における最低基準のこと。学校や保育施設の施設面積と職員数や生活保護基準などが代表的なもの。

図表 22 憲法と義務教育の財政保障

```
憲法 25 条　生存権
　健康で文化的な最低限度の生活を営む権利
　国の社会福祉、社会保障および公衆衛生の向上、増進義務
憲法 26 条　教育権
　能力に応じひとしく教育を受ける権利。義務教育は無償

              ⬇           教育のナショナル・ミニマムを保障

   義務教育費国庫負担制度

   義務標準法　＋　義務教育費国庫負担法
   による　国庫負担金（教職員給与実額の 1/3 補助）
                  ＋
        地方交付税（2/3 の分を一般財源交付）
           により財政保障
```

といいます。義務教育費国庫負担法と義務標準法は、「義務教育水準の維持向上に資する」ことを目的（ともに第 1 条）として制定されました。教育のナショナル・ミニマム保障を支えるしっかりとした法制度が未確立な中で、不充分ながらも、わが国の教育のナショナル・ミニマム保障基準法として作用してきたといえるかもしれません（図表 22）。

　実際、戦後日本の教育にこの法制度が果たしてきた役割は大変大きいものがあります。義務教育においては、義務標準法と義務教育費国庫負担法のおかげで、どんな離島や山間僻地(へきち)でも、県費教職員が適正に配置され、一定の水準の学校教育を維持することができています。もし、義務教育費国庫負担制度が廃止となってしまったならば、財政難の自治体では、予算の減少によって学校の教育水準は低下してしまう恐れがあります。

　さらにいえば、憲法 26 条に先だつ 25 条で「健康で文化的な最低限度の生活を営む権利」を保障し、国にその増進義務を課しています。生存権として教科書に登場する際には、生活保護の問題などが例として取り上げられることの多い条文ですが、この「健康で文化的な最低限度の生活を営む権利」は、

第 6 章　義務教育を支える財政のしくみ　141

子どものためにも保障されています。ですから、少人数学級制の是非も、学力向上の観点ばかりでなく、子どもにとっての「健康で文化的な最低限度の生活を営む権利」の観点から論じられるべきだと思います。

2　義務教育費国庫負担制度のこれまで

　教育現場に正規教職員と教育費を増やし、教育条件を整備充実させていくためには、それを支える教育財政保障制度がしっかりと確立されなければなりません。ところが、近年これらの制度が大きく改変され、義務教育におけるナショナル・ミニマムの保障が揺らいでいます。

「財政再建」で標的に
　1953（昭和28）年に復活した（第7章で詳しく説明します）新たな義務教育費国庫負担制度は、戦後の財政制度、地方制度の未整備の段階で、それらに先行して成立し、それらの整備を補うようにして改善されてきたといえます。制度の成立以来、国庫負担される教職員給与費の対象は、本給以外の恩給費（1956〔昭和31〕年度）、共済費（1962〔昭和37〕年度）、公務災害補償基金負担金（1967〔昭和42〕年度）、児童手当（1972〔昭和47〕年度）にも拡大し、さらに学校栄養職員（1974〔昭和49〕年度）、養護学校教職員が負担対象（1956〔昭和31〕年度）となるなど、経費の対象と負担金額の拡大を続けました。
　そのため、義務教育費国庫負担金は、国の補助金の中に占める割合が大きくなり、また地方交付税措置を伴うため、国の財政悪化の度に財政当局の縮減の標的とされていくこととなりました。特に、政府の「行政改革」（1981〔昭和56〕年〜）や「小泉構造改革」（2001〔平成13〕年〜）などのもとで、さらなる抑制・縮小へと政策が転換され、今日に至る問題が発生することと

なりました。

　まずは1980年代に、中曽根内閣の第2次臨時行政調査会を舞台とする「行政改革」により、旅費・教材費の一般財源化（1985〔昭和60〕年度）、恩給費・共済年金の負担率引き下げ（1986〔昭和61〕年度）、共済費長期給付金（退職年金）の負担率引き下げ（1987〔昭和62〕年度）が実施されました。この時、40人学級化が進行中であった第5次教職員定数改善も、行革関連特別法により凍結されて、教育費支出が大幅に削減されることとなりました（144～145ページ図表23）。

小泉改革での攻撃

　さらに、2001（平成13）年～2006（平成18）年、小泉内閣の「聖域なき構造改革」の一環として、地方分権と財政再建をセットに行われた三位一体の改革（国庫補助金削減・地方交付税削減・税源移譲の一体改革）のもとで、義務教育費国庫負担制度に対する攻撃は、激しさを増しました。

　この間に矢継ぎ早に行われた国の制度改変が、現在の地方の学級編制・教職員定数など教育行政施策に大きな影響を与えています。ここでは、義務教育費国庫負担制度などに関して行われた制度改変をふりかえり、その内容と地方への影響について解説したいと思います。

　〔2001年義務標準法の改正〕まず、2001（平成13）年に義務標準法が改正されました。主な改正点は次の3点でした。

　一つ目は、都道府県が「特に必要と認める場合」は、学級編制の標準人数を下回る基準を定めることができるとしたことです（第3条）。これは、国民世論であった少人数学級制実現の責任を、地方へとゆだねるものでした。二つ目は、国庫加配定数「指導方法工夫改善加配」の中に「少数の児童もしくは生徒により構成される集団を単位として指導が行われる場合」（少人数指導）が加えられたことです（第7条2項）。三つ目は、教職員定数への短時間勤務者（短時間再任用・非常勤講師等）の換算を可能にしたことです（第17条）。短時間勤務の非正規・再任用教職員が増大する要因となりました。

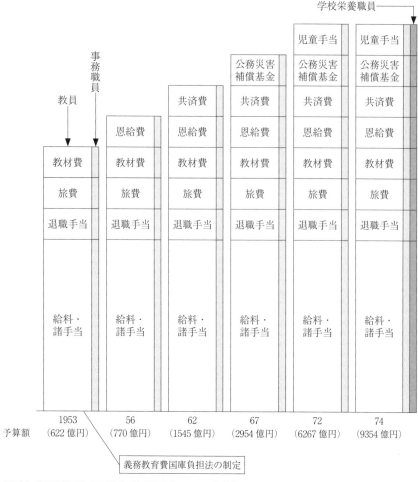

図表23　国庫負担の

(出典) 首相官邸HP「我が国の教育行財政について」より

〔2004年総額裁量制の導入〕次に、2004（平成16）年度から、義務教育費国庫負担金の最高限度額の算出方法として、総額裁量制が導入されました。それまで給料・諸手当ごとの負担限度を定め、職種ごと・校種ごとの標準定数によって負担限度額を算出していましたが、「都道府県ごとの給与単価×

対象費目等の変遷

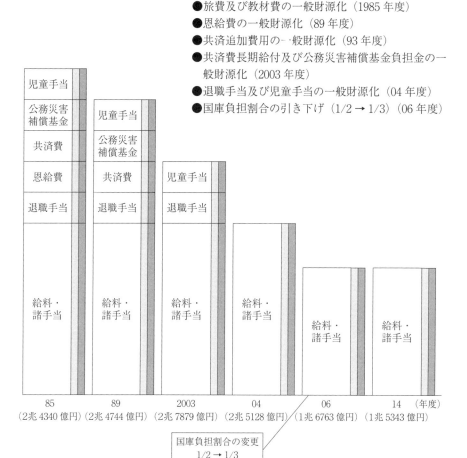

教職員定数」という算出式により得られた額（総額）以下であれば、個々の給料や手当の基準額を上回っていても下回っていても、定数を上回っていても下回っていても、それに制約を設けずに、国庫負担金の対象とするように改められたのです（図表24）。

図表24 総額裁量制のしくみ
総額＝義務教育費国庫負担金額

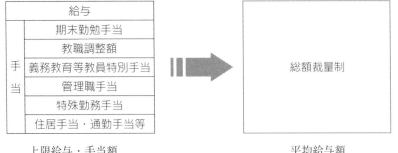

(出典) 文科省HP「総額裁量制の概要」より山﨑が作成

　文科省の説明によれば、総額裁量制は「義務教育費国庫負担金の総額の範囲内で、給与額や教職員配置に関する地方の裁量を大幅に拡大する仕組み[51]」とあります。この改正により、費目ごとの国庫負担限度額がなくなり、負担金総額の中で自由に使いまわすことができるようになったので、給料・諸手当の種類や額に関する都道府県の裁量が大幅に拡大されました[52]。また、給与水準の引き下げにより生じた財源で教職員数を定数以上に増やすことが、より行いやすくなりました（図表24、25）。

　しかし、それまで教職員の給与や定数などの水準を守っていたこれらの最低基準確保をめざす制度は、崩されることになりました。都道府県は、独自に教職員の給料や手当を削減しても、臨時的な任用を増やしても、校種・職種を超えて「流用」をしても、算定された総額までなら国庫負担金を受け取ることができるようになったのです。

　また、2001（平成13）年の義務標準法改正における非常勤任用者への「定

図表25　給与水準引き下げにより教職員数を増やすしくみ

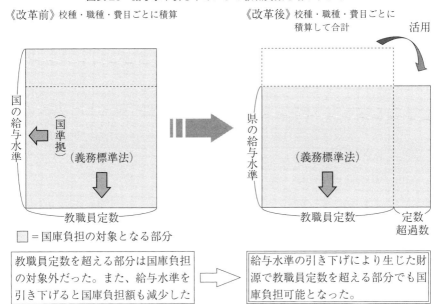

（出典）文科省HP「総額裁量制の概要」より山﨑が作成

数崩し」についても、従来の制度上では定数の制約を受けていたわけですが、総額裁量制によって、定数の枠が取り払われました。

〔教員給与費決定ルールの変更〕そして同時に、基本的な教員給与費決定のルールが変更されました[53]。教育公務員においては、教育公務員特例法（以下「教特法」）第25条の5による国立学校準拠制によって、国立学校教員の給与との均衡が前提とされていました。法定された国立学校教員の給与算定方式が、各地方公自治体の準拠すべき基準とされ、この金額が国庫負担最高限度の算定額の計算に使われてきました。ところが、2003（平成15）年、国立大学の法人化が実施され、国立学校が事実上消滅することになったことに伴い、「国立大学法人等の施行に伴う関係法律の整備等に関する法律」（以下、国大法人整備法）が制定され、教員給与関連の諸法についても以下のような改正が行われました。

(ア) 国立学校準拠制が廃止された（教特法関連法）。その上、公立学校教員給与を都道府県の条例に完全委任した（国大法人整備法第13条）。
(イ) 教員の給与に加算するとされてきた教職調整額の月額4パーセントが、「参照基準」とあいまいなものにされ、その具体的な支給額は条例にゆだねられた（教育職員の給与に関する特別措置法）。
(ウ) 人事院への勧告義務づけ規定が削除され、人事院勧告の後ろ盾をもって一般職に対する教員給与の優遇措置を行うという方式が崩された（人材確保法）。

これらは、教員給与の（国）法律主義から（県）条例主義への転換を示すものといえます。この転換により、それまで各種法律によって水準が維持されてきた公立学校教員給与の決定において、各都道府県に大幅な裁量が与えられ、給料表上の給料額や等級、その昇給方法、諸手当の支給条件などについて、条例により自由な制度設計を行うことが可能になりました。その結果、人事評価による成績給などについても、自治体独自に導入しやすくなったのです。

〔2006年国庫負担率が1/2から1/3〕国庫負担額削減の議論は、やがて義務教育費国庫負担制度そのものの廃止検討へと進みました。制度廃止をめぐる教育諸団体をまきこんだ議論は、結局賛成反対双方の妥協がはかられるかたちで国庫負担法が改正され、国庫負担比率を、従来の1/2から1/3へと引き下げることで決着しました（実際には「政府与党合意」で2005〔平成17〕年度より国庫負担金が暫定減額されました）。

国庫負担率が縮減された分は一般財源化され、地方交付税の積算基礎となり増額措置されるたてまえなのですが、三位一体の改革の中で地方交付税総額そのものが大幅に減額されたので、地方財政への負担が増大することとなりました。

3 「地方分権」政策で国と地方の負担額はどう変わった？

国庫負担額には「最高限度」がある

　これらの「地方分権」政策は、政府文科省による中央集権的な統制を緩和し、制度的に教育行政の地方分権化を進めたと評価することもできます。先に見たように、学級編制に関しても地方自治体の権限が強くなり、自治体独自の少人数学級が実施しやすくなりました。

　しかし、これらの教育における「地方分権」は、地方の教育行政に何をもたらしたのでしょうか？　それを教育財政データで分析していくことにしますが、その前にまず、しくみの説明からはじめましょう。

　国庫負担法第2条は、都道府県ごとに義務教育の教職員給与費実支出額の1/2（2007〔平成19〕年以降は1/3）を国庫負担すると規定しています。「ただし、特別の事情があるときは、都道府県ごとの国庫負担額の最高限度を政令で定めることができる」となっており、国庫負担には限度が設けられています。そのルールを定める政令が、**限度政令**です。その「限度」の設定は義務標準法により算定される標準定数をもとにしています。つまり、自治体が独自に増学級をしたとしても、国庫負担される教職員給与費は、標準学級数により算定される標準定数をもとにした金額が上限になっているということです。

　限度政令　「義務教育費国庫負担法第二条ただし書の規定に基づき教職員の給与及び報酬等に要する経費の国庫負担額の最高限度を定める政令」のこと。義務教育諸学校の教職員給与費実額の1/2（現行は1/3）を国庫負担すると定めた義務教育費国庫負担法の「特別の事情のあるとき」（第2条）の都道府県ごとの国庫負担額の最高限度を算定するルールを定めた政令。

第6章　義務教育を支える財政のしくみ

図表26 義務教育費国庫負担額の決定のしかた

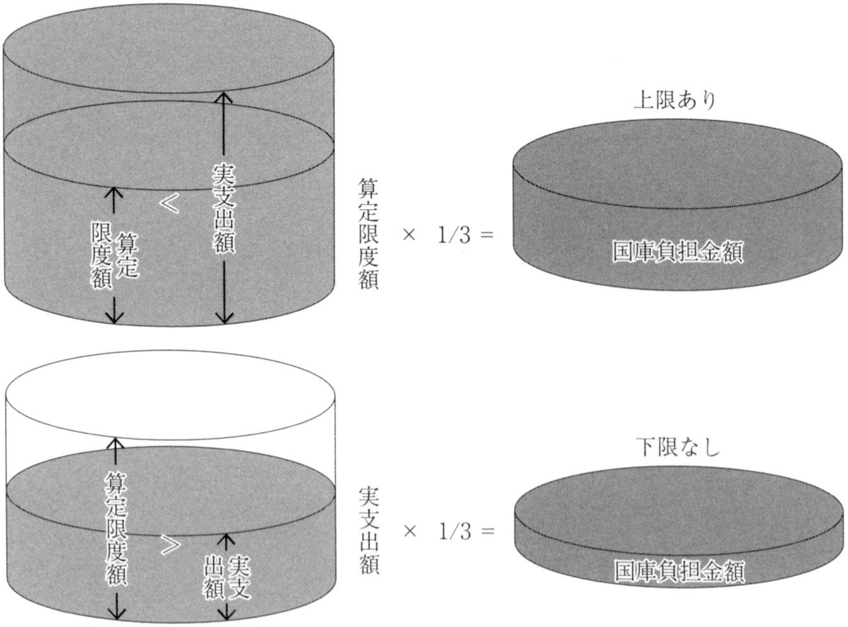

　ですから、実際に支出した教職員給与費の合計額（以下、実支出額）が限度政令にもとづいて算定された**国庫負担最高限度額**（以下、算定限度額）を上回った場合、国庫負担されるのは算定限度額の1/3だけです。実支出額が算定限度額を下回った場合には、その下回った実支出額の1/3です。すなわち国庫負担額には、上限はあっても、下限はないという制度になっているのです（図表26）。

国庫負担最高限度額　2つの意味で使われる。1つは、本文中に説明した「算定限度額」のこと。もう1つは、算定限度額を下回った場合の実支出額のことを指していうことがある。これも国会質問や交渉などの場面で行き違いの起こる原因となっている。

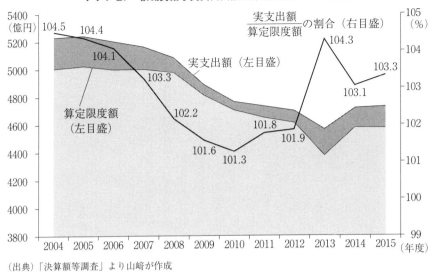

グラフ27 教職員給与費実支出額と算定限度額（総額と比）

（出典）「決算額等調査」より山﨑が作成

標準定数を超えている自治体の負担

　現行制度では、自治体独自で増学級してもその分の国庫負担金は増えません。ということは、地方によって少人数学級制を実施し、独自に増学級や教職員増を行っている自治体は、単独で財政負担をする必要が生じ、その分実支出額が算定限度額を上回っているのでしょうか？

　そこで、各都道府県の実支出額と算定限度額を、総額裁量制がスタートした2004（平成16）年度からのデータで比較してみることにします。グラフ27は全都道府県の実支出額合計−算定限度額合計と、その比をグラフにしたものです。

　このグラフ27からはまず、各都道府県の実支出額合計が、算定限度額合計を上回っていることがわかります。そして両方とも全体的に減少傾向にあることがわかります。グラフ2（17ページ）と比較してみると、教職員実数と標準定数が2007（平成19）年から2011（平成23）年にかけて増える傾向にあったときでさえ、教職員給与費の実支出額合計と算定限度額合計は下が

第6章　義務教育を支える財政のしくみ　151

グラフ28 2011年の実支出額

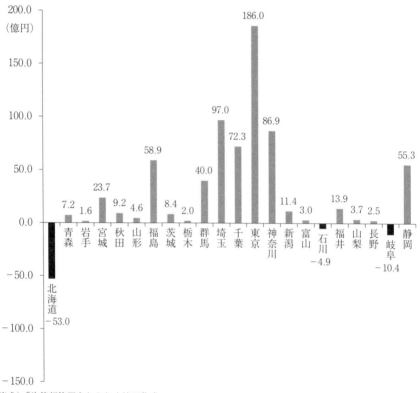

（出典）「決算額等調書」より山﨑が作成

り続けています。

　そして、2004（平成16）年から2010（平成22）年にかけては、実支出額合計が算定限度額合計を上回る率が徐々に低下し続けており、同時に、都道府県独自の財政措置による教職員給与費の上回り率（以下、「上回り率」）も減る傾向にあります。しかし、2011（平成23）年以降は増加傾向に変化しています。上回り率の2011（平成23）年の微増は、先に述べた小1の35人学級化スタートが影響したと思われます。

　なお、グラフ27で特に目立つ実支出額合計と算定限度額合計のV字型の

■算定限度額（都道府県別）

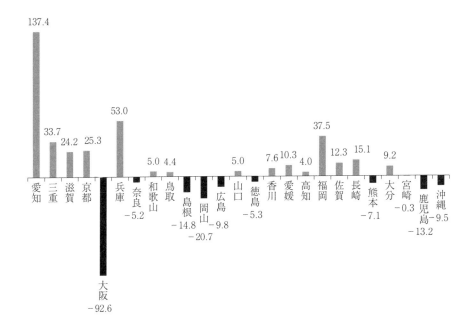

落ち込みは、2012（平成24）年度途中から2013（平成25）年度にかけて東日本大震災復興のために教職員を含めた公務員の給与が平均7パーセント程度引き下げられたことによる影響だと考えられます。その結果、国庫負担金額が大幅に削減されたのですが、自治体によっては、給与費削減措置を実施しなかったり、引き下げ率を小さくしたりしたところがあったため、その不足分は自治体の負担となり、全体として「上回り率」を押し上げる結果となりました。この給与費削減は臨時的限定的なものでしたので、2014（平成26）年には解除されましたが、2015（平成27）年度の「上回り率」は若干高い数

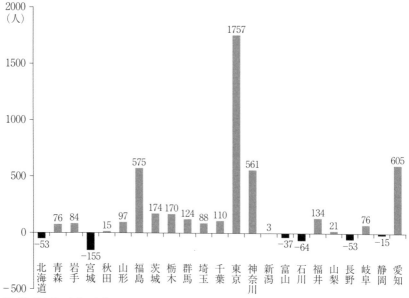

グラフ29 2011年 公立義務制の

（出典）「教職員実数調」「教職員定数算定表」より山﨑が作成

値のままとなっています。

　東日本大震災復興のための公務員給与費削減という2012（平成24）年以降の特殊な事情を差し引けば、地方による少人数学級制等による増学級とそのための若干の教職員増にもかかわらず、教職員給与費は国レベルでも都道府県レベルでも大幅に削減され続けているといえるでしょう。

　このように2012（平成24）年以降の特殊事情により数値がややイレギュラーな変化を見せているため、2011（平成23）年の統計で都道府県別の実支出額と算定限度額の差を表したのがグラフ28（152～153ページ）です。

　グラフ28からは、東京都や愛知県などのように実支出額が算定限度額を大きく上回る自治体がある一方、大阪府、北海道などのように下回る自治体もあることがわかります。

　さらに同じ2011（平成23）年の「教職員実数−標準定数」のグラフ29と

教職員実数−標準定数（都道府県別）

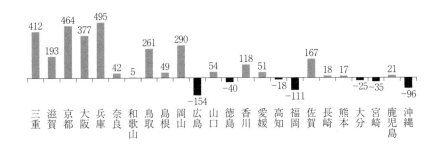

 見比べると、奇妙なことに気づきます。それは、教職員実数が標準定数を上回っているにもかかわらず、実支出額が算定限度額を上回る額がそれほど大きくはない県が存在することです。それどころか、大阪府、岡山県、島根県、岐阜県、鹿児島県などのように、教職員実数は標準定数を上回っているのに実支出額が算定限度額を下回っているという自治体もあります。
 教職員を増員すれば、教職員給与費は増えると考えるのが当然です。ところが、先にみた大阪府のように、教職員を増やしても給与費は増やさない、あるいは減らすという様々なやりくりによる財政運営が、多くの自治体で行われているのです。
 また、グラフ 30（156 ページ）は、教職員給与費の実支出額が算定限度額を上回る「上回り率」と**財政力指数**との相関関係を表したグラフです。財政力指数とは、地方自治体の財政力を表す指数です。グラフ 30 からは、財政

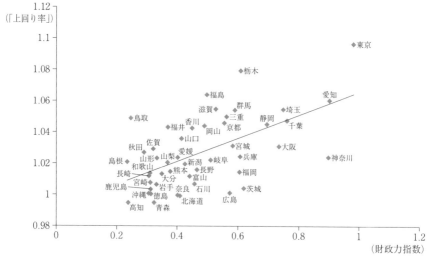

グラフ30　2015年の「上回り率」と財政力指数の関係

(出典)「決算額等調書」より山崎が作成

力指数が大きいほど「上回り率」も高い傾向にあることがわかります。自治体の財政力によって教育施策に支出できる財政量が影響され、都道府県間の教育水準に格差が生まれているのです（ただし、全体の傾向から離れた特殊な県も散見されます）。

給与費削減の「自由」？

このように、国の財政保障を削減しておいての地方裁量権の拡大は、結果的に、財政難の自治体を行政サービスの切り下げへと誘導することとなり、地域間の格差を拡大することとなってしまっています。

教育行政においては、都道府県が独自に教職員給与費を引き下げることが

財政力指数　地方自治体の財政力を示す指数で、地方交付税算定上の基準財政収入額を基準財政需要額で除して得た数値の過去3年間の平均値。財政力指数が高いほど、自治体の自主財源率が高いといえる。

可能となり、国庫負担金交付における給料・諸手当の種類や額、教職員の定数や任用・配置などについての自由裁量権が拡大しました。その上、国庫負担率が引き下げられたことは、地方教育財政と学級編制・教職員定数など教育行政施策に大きな影響を与えることとなりました。

つまり、「①「定数崩し」の可能化＋②教職員給与の条例主義化＋③総額裁量制＋④国庫負担率引き下げ」によって、国は義務教育費国庫負担金を削減しやすくなりました。そして、都道府県は地方裁量で給与費削減や人事評価による成績給導入等が実施しやすくなり、ある学校種・職種の定数を未充足とするかわりに他の校種・職種の定数を増やす給与費の「流用」がしやすくなり、正規任用の非正規・再任用への置き換えがしやすくなり、非常勤教職員を任用する「定数崩し」の多用が可能になりました。その結果、財政運営による教職員給与費抑制・削減がしやすくなったわけです。

たとえ地方に自由な裁量が与えられようとも、少人数学級制など財政に負担のかかる独自施策を実施することは、わずかな富裕自治体をのぞき相当な困難があります。比較的財政力の弱い自治体ほど、独自な教育施策を行う余裕はなく、むしろ改変された制度を「活用」した自治体独自での教職員給与の削減、非正規・再任用の多用、「定数崩し」の多用など、あの手この手で給与費の削減・抑制を行っている傾向があります。これらの事態は、教育の機会均等と教育水準の維持向上という制度の目的からかけ離れた、格差と後退の姿といえるのではないでしょうか。

したがって、もはやただ単純に義務標準法の学級編制標準の児童生徒上限数を書き換えるだけでは、少人数学級制を実現することができない状況になってしまっています。教職員と教育費をちゃんと増やす少人数学級制を実現し、義務教育水準を確実に維持向上させるためには、現行の義務教育費国庫負担制度や地方交付税制度を一つひとつ検証し、改善・拡充することによって、国がナショナル・ミニマム保障の責任を果たし、しっかりと地方の教育財政を支える財政保障制度を整備することが不可欠です。その上に、地方自治体が地方自治を発揮する努力をすることで、現在の教育困難を克服するゆ

とりある教育が可能となる教育諸条件改善が実現すると考えます。

4　国庫負担制度と地方自治をめぐって

　国庫負担・補助金制度は、その交付をめぐって国や官僚の思うままの決定と地方統制の手段となり、地方自治体に対する国の教育統制を強め、地方自治を侵す危険性があるという指摘があります。それを理由として、義務教育費国庫負担制度の廃止を主張する意見は、法制定時から現在に至るまで、特に地方自治を重視する研究者の間には根強くあります。

　しかし、現実の地方自治体の財政当局の政治的な力をみるとき、残念ながら、教育費は当局の裁量によって決定された財政政策によって常に左右され、結局抑制・削減されてきたといわざるをえません。そして、学級編制や教職員配置などの教育条件整備の基準も、教育現場の必要性にではなく、この政治的な力の影響のもとにおかれてしまっています。

　戦後の旧国庫負担法の廃止から復活に至る経過からは、地方間の一般的な財源調整制度においては義務教育費が充分に確保できなくなったこと、そして義務教育水準の確保と地域間の教育の機会均等を保障するためには、一般財源ではなく支出目的を義務教育費に特定した国庫負担制度が有効であったことが、歴史的教訓として浮かび上がってきます（この歴史については、第7章でふり返ってみることにします）。

　こうした現実と歴史とを直視すれば、一定の教育条件の最低基準的性格によって国と地方をしばる国庫負担制度には極めて重い存在理由があり、自治体の自由や独立を理由に簡単に廃止、縮減されるべきものではないと私は考えます。

　「地方分権」推進という形をとりつつ、ナショナル・ミニマム保障の縮小と放棄を進めている政策の下では、将来、再び義務教育費国庫負担制度の廃

止論が出てくることが予想されます。それに対して、「国庫負担制度は地方統制だ」というような単純な地方自治論では、国家の責任を問えないことになります。生存権や教育権など社会権を持つ国民が、国庫負担や補助金により、その最低限の行政責任を果たすよう国家に対し求めることは、国民主権による財政の姿です。そのことを含めた地方自治論を展開しなくてはなりません。

ナショナル・ミニマム水準を上回る教育の地方自治発揮の自由を保障しつつ、その実施を国が財政的に支える一方、地方自治といえども最低基準水準を下回ることは許さない教育財政制度をつくり上げることが必要です。次に、その具体的姿について検討したいと思います。

国庫負担の上限ルールと学級編制

地方自治体が、学級編制や教職員配置において教育の地方自治を発揮するためにも、それを保障する財政制度が必要不可欠です。そのためには、国庫負担の上限を定めている限度政令の改正が必要です。

そもそも、義務教育費国庫負担制度の成立当初は、国庫負担対象額に限度は設けられておらず、教職員標準定数超過分も含め、教職員給与費実支出額の1/2を国庫負担金で保障するという制度でした。この制度を**実員実額制**といいます。ただし、地方交付税の不交付団体(富裕自治体)には、標準定数までと限度額が設けられていました。

学級編制との関わりでいうならば、学級編制「標準」より少ない児童生徒数で都道府県「基準」を設定すると、教職員の数が標準定数を超えることになりますが、超えた部分も含めたすべての教職員実数分(実員)の給与費

実員実額制 都道府県費負担の教職員給与費を、標準定数(定員)を超える部分を含めた教職員実数(実員)の給与費(実額)まで、1/2(2007年以降は1/3)国庫負担の対象とする制度。なお「実額」までとするルールは、現行の総額裁量制においても変更されていない。

（実額）に対して1/2国庫負担していたのです。比較的財政力のある都道府県が、低い水準である法成立時の「標準」（50人）にあわせて学級編制基準を後退させ、教職員を減らしたりしないように対応するためです。

　国が定める学級編制「標準」を最低基準と位置づけ、都道府県の学級編制「基準」がそれ以上の水準となるよう奨励していた当時の文部省の積極的な姿勢は、この実員実額制に示されています。ところが、実員実額制の実員（＝実数）が定員（＝定数）に変更されて以降、制度の縮小後退の歴史が始まります。

　学級編制標準が45人となった1963（昭和38）年の義務標準法改定の翌年、1964（昭和39）年に限度政令が改正され、それまで地方交付税の不交付団体（富裕自治体）についてのみ設けられていた負担金の限度額を、交付団体（財政力の強くない自治体）にも適用しました。これを**定員実額制**といいます。

　制度変更により、教職員の実数が標準定数を超えると、国庫負担されるのは標準定数分までとなってしまいました。つまり、都道府県が国の学級編制「標準」の水準以上の「基準」を定めれば、その超過分の教職員給与費はすべて都道府県が負担しなければならなくなったのです。そのため、都道府県独自の「義務教育水準の向上」姿勢は徐々に失われていくことになりました。

　ただ、これには、当時の事情も影響しています。第一次ベビーブームが終わり、急速に児童生徒数が減少したことで、教職員実数が標準定数を大幅に上回る都道府県が生まれていました。そのままでは、多くの教職員をリストラする自治体が出てくることを危惧していた文部省や教職員組合は、学級編制標準の50人から45人への改善による教職員定数増と実員実額制の継続とを目指していました。しかし、義務教育費国庫負担金抑制を狙う大蔵省、自治省からの強い反対にあい、結局、45人学級化は認められたものの、文部

定員実額制　都道府県費負担の教職員給与費を、標準定数（定員）に基づいて限度政令にさだめた最高限度額の給与費額（実額）分まで、その1/2（2007年以降は1/3）まで国庫負担する教育財政制度。

省は、実員実額制の継続をあきらめることになったようです。

　定員実額制への移行により、文部省が、義務標準法第3条を改正することなく、その解釈において学級編制「基準」や「標準」は最低基準ではないという姿勢へと変質していき、独自努力で少人数学級制を実施しようとする自治体にブレーキをかけることにもなりました。

　こうした歴史の経過をふまえるならば、次のことが必要といえます。地方自治体が独自の努力でより高い水準での学級編制や教職員配置が可能な財源を確保するため、言い換えれば、学級編制「標準」「基準」が最低基準として機能するためには、現行の限度政令を改正し、国庫負担金でその基準定数以上の教職員給与費も保障する実員実額制の復活をはかることです。

国庫負担制度の充実発展のために

　義務教育費国庫負担制度の充実発展のためには、制度の本来の姿に戻すとともに、教育条件最低基準をさらに改善、拡大してその実現を保障する財政制度を目指す必要があると考えます。そのためにまず求められるのは、以下のようなことです。

○教職員給与費のうち国が負担する比率を現行の1/3から1/2へ戻す。
○国庫負担対象費目・職種を拡大する（もどして拡大）。
○現行の総額裁量制を廃止し、教職員給与水準の保障、標準定数教職員の非正規任用・定数崩しの原則禁止を含め、校種・職種別標準定数配置の最低基準厳守を明確にした制度に改善する。
○国庫負担金額の上限設定に関する規定を改正し、実員実額制とする。

第7章　教育財政保障制度の歴史に学ぶ

日本の教育条件の抜本的な改善のために必要なことは、まず現行の義務教育費国庫負担制度を守り、さらに充実発展させていくことです。そして、この教育財政保障制度の基本的な枠組みを、その他の教育条件に関して拡大していくことです。その実現のために、義務教育費国庫負担制度のたどってきた経緯を振り返り、その歴史から学ぶことにしましょう。[54]

1　明治以来の歴史が示すもの

就学率向上と財政保障制度
　日本の教育財政史を振り返れば、義務教育費の課題は常に教職員給与の確保が問題とされてきたといえます。

　学制発布（1872〔明治5〕年）以来、明治20年代までは、財政制度や地方制度が未確立なまま学校制度が先行したため、義務教育費は基本的に住民負担や授業料にたよっていました。そのため、義務教育の就学率は大変低い状態でした。

　1890（明治23）年の地方学事通則、改正小学校令により、義務教育は国から市町村への委任事務とされ、教員給与費を含めその費用は市町村負担となりました。しかし、市町村財政ではこうした費用を充分に確保することが困難であり、依然として授業料は徴収されていたため、就学率はなかなか上がりませんでした。このため、地方行政関係者や教育関係者から、義務教育への国庫補助を求める要望が盛んに行われるようになりました。

　その後、1896（明治29）年の市町村立小学校教員年功加俸国庫補助法、1900（明治33）年の市町村立小学校費国庫補助法の制定によって、国による財源保障制度ができ、ようやく授業料の徴収なしで義務教育を実施すること

ができるようになりました。その結果、就学率は急上昇しました。義務教育の完全就学の実現には、授業料徴収の廃止が必要であり、そのためには国による財政保障制度の確立が不可欠だったのです。

教員の待遇改善はどのように？

　しかし、こうして就学率が大幅に上がり、1908（明治41）年に4年間から6年間へと義務教育年限が拡大されたことで、市町村の負担、特に教員給与負担は、ますます過重なものとなりました。

　そのためこの間、教員の待遇は低く置かれ続けました。各地で教員の確保が難しくなり、教員による賃金闘争も広がって、学校は自由民権運動などの社会運動の拠点ともなりました。

コラム　薄給だった小学校教員時代の石川啄木

　「はたらけど　はたらけど猶　わが生活（くらし）　楽にならざり　ぢつと手を見る」（歌集『一握の砂』）の歌を詠んだ石川啄木は、1906（明治39）年ごろ、代用教員として岩手県の渋民尋常小学校に勤務していました。その時に書いた『渋民日記』には「八円の月給で、一家五人の糊口（ここう）を支へるといふ事は、蓋（けだ）しこの世で最も至難なる事の一つであらう。予は毎月、上旬のうちに役場から前借して居る。（中略）巧みに世に処するには、金が一番必要だ。予は此点に於て極めて不幸な境遇にある。実に予は不幸だ。或はこの不幸は自分の一生の間続くかも知れない[55]」と教員の薄給を嘆く文章を残しています。

　こうした中、町村長を中心とする地方行政関係者からは地方財政の負担緩和を求める声が高まり、また教育界からは教職員の待遇改善のため、義務教育費の国庫保障を求める声が高まりました。政府は、教職員給与の改善と地方財政の健全化を図るため、1918（大正7）年に市町村義務教育費国庫負担

法を制定し、義務教育費は国と地方が分担することとなりました。

その後、負担金増額を求める運動も行われて、段階的に国庫負担割合が拡大していき、1930（昭和5）年には、小学校教員俸給費総額の52パーセントに達しました。このことで教員の待遇も徐々に改善されていったようです。

このような大正期から昭和初期にかけての義務教育費国庫負担制度の確立とその拡充の歴史は、義務教育費負担が地方財政にとって過重なものであったという事実、そして地方財政の健全化と教職員給与の改善のためには、国による財源保障の拡大が不可欠であったということを示しているといえます。

財政力格差の拡大の中で

昭和初期における経済恐慌とその後の軍需景気は、地方間の富の偏りと市町村間の財政力格差を拡大させました。その財政力格差は、すなわち教育費支出水準の格差として表れ、教職員の給与など待遇にも地域間格差が広がりました。そのため、財政力の弱い町村では給与支払い延滞や割引給付などが相次ぎました。このような状況に対処するため、政府は1932（昭和7）年、市町村財政の困窮対策と教員給与不払いの防止を目的として、市町村立尋常小学校費臨時国庫補助法を制定し、国が毎年一定額を市町村に補助することとしました。

それでも、こうした市町村に対する義務教育費の国庫負担・国庫補助という方法によっては、義務教育費の財政保障と地方間の財源調整という目的を充分に達成することができなかったため、1940（昭和15）年、義務教育の教員給与費を府県が負担し、その1/2を国が負担する義務教育費国庫負担法が制定されました。それと同時に地方間の財源調整のために地方分与税も創設されました。

こうして、義務教育費の財源保障のために、教職員給与費を市町村にではなく、府県と国に分担させるとともに、地方間の財源調整のために一般的な財政調整制度を設けるという、現在にいたる制度の基本形がつくられることになったのでした。

2 国庫負担法の復活

　15年にわたる戦争の時代が終わった1945（昭和20）年、国も自治体も極めて厳しい財政状況にありました。そんな中、連合国軍最高司令官総司令部（GHQ）の要請もあり、新制中学校が創設され義務教育の年限が3年延長されました。新制中学校の校舎建設に予定された国庫支出が行われず、各市町村において増税や強制寄付などを余儀なくされたものの、何とか新制中学校制度をスタートできたのは、戦前からの国庫負担制度がその教員給与費を負担したことが大きかったようです。

　ところが、占領軍の日本民主化政策の一環として、中央集権体制の根幹である国庫補助金制の全廃を主張する**シャウプ勧告**（1949〔昭和24〕年）に基づき、1950（昭和25）年に義務教育費国庫負担制度は廃止されました。**地方財政平衡交付金**が新たに設けられ、そこに吸収されて、教職員給与費はすべて**一般財源**でまかなわれることになりました。ところが、平衡交付金でまかなわれるはずの財源が不足したために、義務教育におけるナショナル・ミニマムの水準の確保が困難な状態となり、教育条件の全国的な低下や地域間格差の拡大を招きました。

　このため、全国知事会議において義務教育費国庫負担法復活を求める決議が行われるなど、この制度の復活を求める声が大きくなり、廃止からわずか3年後の1953（昭和28）年には復活することとなりました。

シャウプ勧告　GHQの要請によって1949年に結成された、カール・シャウプを団長とする日本税制使節団（シャウプ使節団）による、日本の税制に関する報告書。1949年8月27日付と1950年9月21日付の2つの報告書からなり、日本の戦後税制に大きな影響を与えた。

再制定された新たな義務教育費国庫負担法は、基本的に旧国庫負担法の仕組みを引き継ぐものでした。この時、給与費等の負担対象職員には新たに事務職員が加えられ、教材費も国庫負担の対象費目とされました（当初は一部負担、1958〔昭和33〕年度からは1/2負担）。

　このような義務教育費国庫負担法の廃止から復活に至る歴史を見るならば、地方間の一般的な財源調整制度においては義務教育費が充分に確保できなくなる危険性があること、そして義務教育水準の確保と地域間の教育の機会均等を保障するためには、一般財源ではなく、特定財源として、支出目的を義務教育費に限定した国による財源保障制度が必要であったという教訓を得ることができると思います。

歴史の教訓

　義務教育費国庫負担法が復活した後の歴史は、第6章で述べた通りです。学制発布以来の日本の教育財政の歴史を振り返れば、以下のような教訓が得られるのではないかと思います。
- 義務教育費の中心問題は、その額の大きさから常に教職員給与費問題であ

地方財政平衡交付金　シャウプ勧告に基づく地方財政平衡交付金法により地方配布税に代わって創設されたもの。地方公共団体の行政サービスについて国の立場からみた最低限を維持することを目的として、財政力の弱小な地方公共団体の財源を補塡(はてん)するために行われた国からの交付金。交付金の額は地方公共団体ごとに客観的基準により算出された基準財政需要が基準財政収入を上回る額（財源不足額）とされていたが、現実には国の財政に余裕がなかったため、財源不足額を充分に補塡することはできなかった。1954年度からは上記法律が改正されて、現在の地方交付税に改められた。

一般財源　国や地方の財政において、使途が特定されていない財源。これに対し、国庫負担金・補助金などは「特定財源」であり、使途が特定されている。

った。
- 義務教育の無償と就学率維持向上、義務教育の水準維持と地域間格差の是正のためには、国による義務教育費の安定的な財源保障制度が必要であった。
- 義務教育費の国庫負担制度は、地方財政の健全化にも寄与するものとなった。
- 義務教育費の財源保障制度は、地方間の財源調整制度とは別に設けられる必要があった。
- ナショナル・ミニマム水準を上回る地方の教育行政の実施には、地方裁量権の拡大とともに充分な国の財政保障が不可欠である。

終章　教育費を増やすには
　　　──真の教育無償化をめざして

「教育の無償化を目指す」と言い始めた政府・自民党

　2017（平成29）年になって、にわかに政府や自民党が「教育無償化」を言い始めました。

　安倍首相は、1月の施政方針演説で「誰もが希望すれば、高校にも、専修学校、大学にも進学できる環境を整えなければならない」と訴えました。それをうけて、政権党である自民党は、大学などの授業料無償化の財源を確保するため、使途を教育に限定した「教育国債」導入の検討に着手し、党総裁直属機関の教育再生実行本部にプロジェクトチームを新設しました。

　一方、自民党の小泉進次郎議員ら若手議員が3月29日、全ての子どもが保育や教育などを受けられるよう社会全体で支える仕組みとして、幼児教育や保育の負担を軽減するための「こども保険」創設に向けた提言をまとめました。

　そして、5月3日、安倍首相は、憲法改正を目指す日本会議が主導する「美しい日本の憲法をつくる国民の会」の集会に寄せたビデオメッセージの中で、憲法を改正し憲法第9条に自衛隊を追記することと共に、高等教育の無償化なども改正項目として例示し、2020年の施行を目指す意向を表明しました。

　民主党政権で行われていた子ども手当や公立高校の授業料無償化政策を「バラマキ」と批判し、自公政権に交代してからさっそく所得制限を設けてこれらの制度を後退させた安倍自民党が、今になって急になぜ教育無償化を言い出したのでしょうか。憲法改正の本当のねらいである自衛隊の合憲化を達成するための「入口」にしようとしているとか、同じく「憲法改正による教育無償化」を政策に掲げる日本維新の会との協力を得るためだとか、いろいろいわれています。

　しかし、そうであったとしても、今になって政府や自民党が「教育無償化」を、憲法改正の取引材料とせざるを得なくなったのは、教育無償化に対する国民の強い願いを無視できなくなったということだと思います。家庭収

入の減少から子どもの相対的貧困は進み、高校・大学などの高学費化が進む中、進学をあきらめたり、苦学しながら高額な教育ローンを抱えざるを得ない学生があふれています。保育所不足による待機児童も解消されていません。こうした子育て・教育の困難が、子を産み育てる若い世代の意欲を奪い、少子化と地方の過疎化、労働力人口の縮小を招いています。現代の日本にとって、教育の無償化は待ったなしの課題なのです。

　憲法第26条には「すべて国民は、法律の定めるところにより、その保護する子女に普通教育を受けさせる義務を負う。義務教育は、これを無償とする。」とあり、憲法改正をしなくても、現憲法で教育の無償化は実現できます。むしろ、憲法改正を行わなければ実現できないとすることの方が、無償化のハードルを高くすることになるでしょう。

　とはいえ、政府自らが「教育の無償化」を政治的テーマとし始めたことは、日本の教育条件整備を充実させるチャンスでもあります。ここでは、教育費全体を抜本的に増やし、真の教育の無償化を実現するための制度のあり方について構想してみたいと思います。

ピンチから見えてくるもの

　これまで見てきたように、日本の教育の屋台骨として機能してきた義務教育費国庫負担制度は、現在危機的な状況にあります。しかし、ピンチだからこそ逆に日本の教育の未来像が、ここにあることが見えてきます。

　国庫負担法は、「義務教育について、義務教育無償の原則に則り、国民のすべてに対しその妥当な規模と内容とを保障するため、国が必要な経費を負担することにより、教育の機会均等とその水準の維持向上とを図ること」（第1条）を目的として制定されました。この「必要な経費」という言葉は、幅広い意味を持ちます。つまり、義務教育費国庫負担制度は、教職員給与費の負担だけでなく、「教育を受ける権利・義務教育費の無償」（同第26条）を保障するための制度として、その対象を給食費や教材費など学校教育活動の必需経費に拡大するなど抜本的に発展させることが必要です。さらに

「(子どもの)幸福追求権」(憲法第13条)「(子どもの)健康で文化的な生活」(同第25条)の保障として、義務教育対象の拡大や「必要な経費」対象の拡大をはかっていくことこそが真の教育無償化であり、憲法の全面的な適用としての教育行政のあり方だと思います。

終戦直後、文部省が考えていた教育無償とは？

　1952（昭和27）年、文部省（当時）調査局調査課によって発行された「父兄負担の教育費調査報告書」の解説に、次のような叙述があります。

　「わが教育基本法は、憲法にいう義務教育無償の規定を『授業料を徴収しない』という程度に限定しており、現実に小・中学校においては授業料は徴収されていないが、これをもって義務教育の無償は実現されたといい得るであろうか。<u>教育の無償とは、字義通りに解すれば、その教育に要する経費はすべて公費によってまかなわれ、父兄に直接負担をかけないということでらねばならない。</u>ゆえに無償か否かは、公費を父兄負担教育費との相対関係に基いて判断されるべきである。」「学校教育のために必要な人的、物的施設の設置・維持・運営に要する経費は、すべて公費によりまかなわれることが公立学校の絶対的条件であるということは、わが国においては広く承認されてきたところである。<u>これが公費で負担すべき最低限の限度である</u>といえよう」[56]（下線は筆者、以下同様）。

　つまり、当時の文部省は、「義務教育に要する経費はすべて公費によってまかなわれ、父兄に直接負担をかけない」教育の無償実現を目指して、実現のための具体策を真剣に検討するために、調査を行っていたのです。この時点での文部省の姿勢が、教育の無償の範囲は授業料に限定されるものではなく、保護者に教育費の私費負担がない状態を指すものと解釈している点、またその解釈に基づき、義務教育費に必要とされるすべての費用が公費でまかなわれなければならないとしている点において、現政府のとっている「義務教育の無償とは国公立義務教育諸学校における授業料不徴収の意味と解するのが相当である」[57]という解釈とは対照的であるといえるでしょう。

終戦直後の教育条件基準法制案の構想

　さらに、当時の文部省には、こうした憲法の要請する義務教育無償を実現するための教育行財政の制度構想があったこともわかりました。教育条件基準立法とその包括的財源保障という制度構想を立案していたのです。この構想の立案と挫折の経緯について、世取山洋介・福祉国家構想研究会編『教育の無償性を実現する――教育財政法の再構築』（大月書店、2012年）などから要約するとともに、筆者の意見を加えて説明してみたいと思います。

　当時、その制度原理として目指されていたのは次の3つのことであったと世取山氏は整理しています。

〔制度原理①教育と教育行政の区別〕教育とは区別される教育行政は、子どもの人間としての全面的発達のための教育を可能にする条件の整備をその任とすべきこと。

〔制度原理②教育行政の一般行政からの独立〕そのような教育行政が、一般行政において展開される政治的利害の影響からできる限り自立して実行されなければならないということ。

〔制度原理③教育の地方自治〕地方自治体の事務とされた教育が、自治体自治と住民自治に基づいて実行されるべきということ。

　制度原理①については、1947（昭和22）年教育基本法の「教育は、人格の完成をめざし」（第1条）「不当な支配に服することなく、国民全体に対し直接に責任を負って行われるべきものである。教育行政は、この自覚のもとに、教育の目的を遂行するに必要な諸条件の整備確立を目標として行われなければならない。」（第10条）という条文となって表現されました。

　戦前、教育内容を国家統制し、地方と教職員を徹底的に管理統制して国家主義的軍国主義的教育を推進した結果、悲惨な戦争の惨禍を招いてしまったことを深く反省し、生まれた戦後教育行政の新しい方針でした。

　制度原理②については、教育財政保障制度がたどった歴史の経過が証明し

ているように、教育費が様々な理由をつけて抑制削減されがちであることを危惧し、国と自治体において安易な削減を許さず、しっかりとした安定的な教育費の確保をめざす制度とするための方針でした。

　制度原理③については、①②を達成するカギは、教育の実施責任者である地方自治体の自治と住民自治にあるとし、地方自治の発揮に期待をするものでした。そのために、国家統制型の教育行政ではなく、地方自治の発揮により教育条件が向上していく制度が目指されました。

　しかし、地方自治体の財源構成と規模は国のものとは比べ物にならないほど小さいため、地方自治体が自力で公教育を維持することは財政的に不可能であることは、教育財政の歴史が証明しています。そこで政府は、条件整備にかかわる独自の義務として、教育的必要の充足を可能とする教育条件整備基準を設定し、どこまで義務教育の無償を実現するのかその範囲を法定した上で、この教育条件基準を全国平等に実現する教育財政制度の整備を目指そうとしたのです。

具体的な経過

　〇 1948（昭和23）年、文部省学校教育局庶務課長であった内藤誉三郎が、「校舎、校地、設備等の物的施設の基準と教員の資格及び定員の基準、教科内容及び授業総時数の基準等の国家的基準」に、「これ等の基準を保障するため教育財政殊に学校教育財政」をセットすべきとの構想を発表しました。[58]

　〇 1949（昭和24）年に制定された文部省設置法は、文部省の任務として「民主教育の体系を確立するための<u>最低基準に関する法令案その他教育の向上及び普及に必要な法令案を作成すること</u>」（第4条2号）を掲げました。そして、その行政事務として「小学校、中学校、高等学校、盲学校、ろう学校、養護学校及び幼稚園に関し、教育課程、教科用図書その他の教材、施設、編制、身体検査、保健衛生、学校給食及び教育職員の免許等についての<u>最低基準に関する法令案を作成すること</u>」（第5条25号）を規定しました。

　教育財政に関しては、文部省設置法とあわせて制定された文部省組織規程

において、初等中等教育局の筆頭課である庶務課の所掌事務として「<u>学校財政の確立に関し、資料を収集し、及び企画立案すること</u>」(第9条4号)が掲げられました。つまり、教育条件の最低基準を定める法律とその実施を財政的に支える法律をセットでつくることが文部省の主要な仕事とされたのです。

なお、文部省設置法は、初等中等教育の所掌事務の1つとして「<u>法律による最低基準に基く教育計画を推進助長し、且(か)つ、その最低基準を超える初等教育、中等教育及び特殊教育の推進を指導</u>すること」(第8条2号)との規定を設けていました。このように、地方教育委員会が最低基準を上回る行政を行うよう、指導による関与を行うとしていたことは、注目に値すると思います。

○内藤構想の翌年の1949(昭和24)年、文部省は教育条件整備に関する最低基準に関する法案および、その最低基準を実施するのに必要とされる財源を確保するための教育財政移転制度に関わる法案を、「学校基準法案」および「学校財政法要綱案」として取りまとめました。

○学校基準法案は、小学校、中学校、高校および大学等の「教育課程、編制並びに施設および設備に関する基準」(第1条)を定め、「<u>学校教育の水準の維持向上を図ることを目的</u>」としていました。そして、この法律における基準を、「学校において正常な教育を行うため、<u>必要且つ最低の限度</u>」(第2条)のものと性格付け、基準が、教育にとっての"必要性"という観点から設定されるべきものであるとともに、「この基準を確保しなければならないことはもとより、あらゆる機会においてこれを超えるように努めなければならない」(第2条)最低基準であることを明確にしていました。

この法案における基準設定の対象は、教科名、教科以外の自由研究、各教科および自由研究の時間数、1クラスあたりの子どもの数(小中高ともに40人)、教員および事務職員の数の算定基準、子ども1人当たりの施設・校庭の面積、ならびに、備えられるべき施設・設備といった学校制度の範囲にとどまるものでした。

○学校財政法要綱案は、「学校基準法(未定)に定める学校の教育課程編

終章　教育費を増やすには　177

制及び施設の充実」をその目的として掲げ、学校維持経費、教職員の給与・研修費、教科書および学用品等の教材費、その他学習活動に要する経費、ならびに学校施設費については別に政令において定めることとしました。これに関する「算定基準」に基づいて算出された費用のうち、義務教育については1/2を、高等学校、幼稚園および特殊学校についてはその1/3を国庫負担とすることを内容としていました。

　学校基準法案では基準化されていなかった教科書および学用品などの教材をも国庫負担の対象とし、小中学校については、無償の範囲を授業料だけでなく、教材などの学習活動費にも拡大するとしていたことは注目に値します。また、高校については、授業料の徴収を予定していたのですが、その上限を学校経常費の1/5とし、私費負担に限界を設けていたことも画期的です。

義務教育国庫負担制度のルーツ

　「学校基準法案」と「学校財政法要綱案」の特徴点は、教育条件に関する教育にとっての"必要性"という観点から設定される最低基準を、国庫負担金額を決定する財政基準からは独立させて、それを別個の法律にひとまとめに規定したこと、そして最低基準に従わせる形で財政基準を設定するというしくみを採用していたことです。

　また最低基準に関して、地方自治体に対する拘束力を持たせ、さらには、小中学校における学習活動費を無償化しようとしたことです。こうして国に教育条件整備の義務をしっかり実行させるものとなっていました。（制度原理①）

　最低基準に関して地方自治体に対する拘束性を持たせることにより、地教委は、少なくとも最低基準額までは、一般行政部局の予算カットなどの政治的判断からの影響を受けることなく、教育を実行していくのに必要な費用を確保することができるようにしました（制度原理②）。

　そして、「学校基準法案」は、法案に規定された基準を「あらゆる機会において超えるように努めなければならない」（第2条）と規定し、法案に規

定された基準について地方自治の発揮によって基準を超える条件整備を行うべき最低基準であることを示していました。（制度原理③）。

　もしこれらの法案がさらに発展した形で成立していたなら、戦後日本の教育はずいぶんと条件整備が進んだことでしょう。しかし、残念ながら両法案は文部省内の構想にとどまり、閣議に提出されることはありませんでした。その理由とこの間の経過には諸説があり、今後の研究の発展が待たれるところです。

　世取山氏は、その理由について、地方に対する拘束性の強い両法案が中央集権的な性格を持つと評価されてしまい、GHQ の**対日占領政策の変更**を受けて開始される財政制度改革の方針とは両立しなかったため、受け入れられなかったと述べています。

　1948（昭和 23）年暮以降、GHQ は占領政策の中に日本の経済復興を新たに組み入れ、日本政府に、経済復興に重点を置いた金融・財政・経済改革を行うよう要求を開始しました。税制については、所得税減税、および国の財源の経済復興への重点的投下を要求し、財政制度については地方自治の尊重、および責任の所在の明確化の名のもと、国庫負担・補助制度の廃止と一般財源を移転する仕組みへの一元化を求めたのです。この要求を受けて、日本政

対日占領政策の変更　1945（昭和 20）年の終戦から 1947（昭和 22）年ごろまでのアメリカの対日占領政策は、リベラルで理想主義的性格の強いものであった。しかし 1948（昭和 23）年以降、米ソ間の冷戦が本格化し、占領政策を、いわゆる「逆コース」といわれる冷戦対応型の占領政策へと転換させた。日本を政治的に安定した工業国として復興させ、東アジアにおける資本主義国の中心とするために、経済安定九原則（総予算の均衡・徴税強化・賃金の安定・物価統制など）に基づく「ドッジ＝ライン」といわれる一連の施策（赤字を許さない均衡予算の編成による財政支出の削減、1 ドル＝ 360 円の単一為替レート設定による国際経済への直結、「シャウプ税制」といわれる直接税中心主義や累進所得税制の採用など）を実施させた。

府は1950（昭和25）年に、戦前以来続いた（旧）義務教育費国庫負担制度を廃止し、地方財政平衡交付金法を成立させました。

　その後、文部省は、一般財源の中から基準に基づく教育費支出を自治体に義務づける法案により、地方平衡交付金制度の枠内での教育費確保を目指しました。また個別的な教育条件整備基準を法定化しようとしましたが、それらはGHQの反対もあって断念させられました。「学校基準法」と「学校財政法要綱案」に示されていた、教育的必要の充足を可能とする条件整備基準の設定、公教育無償の範囲の確定と拡大、それを全国平等に実現する教育財政保障制度の整備という方針はしだいに後退を余儀なくされていきました。

　このように当初の教育条件基準法の構想は、歴史的な制約のもとで挫折させられてしまいました。それでも、当初の構想からすれば不充分ではあるというものの、義務教育諸学校の教職員給与（1/2）と教材費の一部（現行法はなし）を国庫負担するという義務教育費国庫負担法が、1952（昭和27）年に成立しました。翌年1953（昭和28）年には義務標準法が成立し、1954（昭和29）年には地方財政平衡交付金制度が地方交付税制度へと変更されて、算定された教職員標準定数は交付税の基準財政需要額の算定要素とされました。

　義務教育国庫負担制度は、「学校基準法案」「学校財政法要綱案」に比べれば、負担対象は大きく削られたものとなり、子どもの教育的必要充足という原則に基づいて学級編制基準を定めるものとはなっていません。また、定められた「標準」は、最低基準として地方自治体に対し水準維持と向上を充分に義務付けるものとなっていません。しかし、先に見た制度原理が弱められはしたものの、その基本的原理を残した形で成立していることがわかるでしょう。つまり、戦後の義務教育費国庫負担制度のルーツはこの教育条件基準法の構想にあったのです。

教育条件基準法づくりがひらく教育の未来

　これまで見てきた義務教育費国庫負担制度の現状の分析と、教育財政保障制度の歴史、そして教育条件基準法構想から学ぶとすれば、私たちは今こそ

教育現場の「必要充足」を原則とする最低基準を定めた教育条件基準法と、そのための財政支出を政権や財政当局に介入を受けないで確実に保障できる教育財政保障法を、教育のあらゆる領域に則して制定し、整備充実させていくことが必要なのではないかと思います。

　具体的な教育諸条件の最低基準の設定のためには、文科省や地方教育委員会が、教育現場の教育条件等を細かく調査して、その必要性（ニーズ）を把握し、教育現場の実態から最低基準とする具体的水準について教職員と保護者と研究者との協働によって合意を形成していくというボトムアップ型の教育行政を実施していくことが求められます。そして、開かれた議論によって国民的な合意が得られた項目から、教育条件基準として一つひとつ法律に付け加えていくことで教育のナショナル・ミニマムの内容を充実させていくことが必要でしょう。

　それらについては、すでに国レベルでも自治体レベルでも、基本となるひな形がつくられています。例えば、地方交付税の単位費用算定や、様々な教育費調査などです。また、各学校の予算要求の際には、教育に必要な具体的な品名、量、金額が示されています。例えば、東京都などでは「学校運営費標準」という積算も行われています。これらの内容を「無償化」の方向で検討していけば、不可能ではありません。

　その時点では国民的合意とはならず法制化できなかった項目も、住民要求により教育の地方自治を発揮して自治体が独自で条例化し、実施することが可能です。そうした自治体が増えていくことで、やがてナショナル・ミニマム水準が押し上げられていくという好循環も生み出せるでしょう。そして、充分な自治体財源が保障されれば、住民自治的な手続きを踏まえて、教育委員会が独自の教育条件整備計画を策定し、実施していくことも可能となるでしょう。

　そうした作業そのものが、現在の、中央集権的でトップダウン傾向にある教育行政を民主化し、教育における住民自治、地方自治の発揮にもつながるのではないでしょうか。

たとえば、ランドセル代はすべての子どものために国費で保障すべきか？　修学旅行代はどうか？　給食費は？　とみんなで考え、話し合い、調査して議論した結果、国民的合意となった項目から教育条件の最低基準として法制化すると、その経費が必ず予算化される制度が実現すればどうでしょう。きっと、自治体ごとの議論を通して、多くの国民が自らこのとりくみに参加し、議論し、行動して、日本の教育が根本から変わっていくことでしょう。

　そしてこの制度を義務教育において実現し、高校、幼児教育についても「無償教育」としての位置づけを進め、制度をやがて大学や社会教育などの分野にも拡大していくべきです。制度の進化は、子どもの貧困問題、高校・大学の高学費私費負担問題、教育ローン化している奨学金の問題、保育園の待機児童問題、そして少子化による人口減・労働者不足問題など現代の諸問題の解決に大きく寄与することになるでしょう。この本のテーマである少人数学級の実現や義務教育国庫負担制度の改善も、こうした大きな教育論議と運動の中で進められていくことになると思います。

教育無償化は夢物語か？

　しかし、そんなことは夢物語であり、日本の財政にはとてもそんなゆとりがないと思われるかもしれません。

　世取山氏の研究[59]によれば、2009（平成21）年度で試算したところ小中高等学校で30人学級を実現するための費用は約1兆2600億円、小中高等学校の授業料と学修費を無償化するための費用[60]は約2兆1100億円、保護者の授業料負担を1～4割程度軽減できる私学助成制度の組み替えのための費用は約1兆1200億円程度であり、その場合、教育費の公費支出は現状より約4割増えるとのことです。

　しかし、その対GDP比は3.4パーセント（2008〔平成20〕年度の水準より0.9ポイント上昇）となるものの、OECD（経済協力開発機構）加盟国平均にようやくとどくかどうかの水準となるにすぎません。世取山氏は「国際的な水準からみれば、ごく控えめな要求にすぎない」と指摘しています。これこ

そが国民の願いであり、子どもを産み育てる希望となり、保障となる政策です。そしてそれは、GDP 世界第 3 位の経済大国となった現代の日本ならば充分に実現可能なことなのです。

　また、教育条件基準法制をめぐる議論ととりくみは、税制をはじめ日本の政治のあり方そのものを問い直し、日本社会をつくり直す契機となっていくのではないかと思います。

　子どもにとって必要不可欠な教育条件基準設定のための調査・研究、そのひとつひとつについての国民的合意形成、それを実現させる財政保障制度の研究といった地道な活動を積み重ねていくことが大切です。子どもが尊重される希望ある未来のために、教育条件確立の運動を交流し、幅広い共同によって新しい日本の教育を創りあげましょう。

注
1　OECD 国際教員指導環境調査（TALIS2013）
2　文部科学省「教員勤務実態調査（平成 28 年度）の集計（速報値）について（概要）」http://www.mext.go.jp/b_menu/houdou/29/04/1385174.htm。
3　北海道教育大学、愛知教育大学、東京学芸大学、大阪教育大学が文部科学省の助成を受けて 2014 年に発足した「HATO・教員の魅力プロジェクト」による調査。主管大学である愛知教育大学からの委託を受け、ベネッセ教育総合研究所が本調査を企画・実施した。調査は、2015 年 8 月中旬～ 2015 年 9 月中旬に、無作為抽出した小中高校 540 校への学校通しによる質問紙調査で、有効回収数は 5373 名。http://hato-project.jp/aue/report/mt_files/p4_teacher_image_2_160512.pdf。
4　「OECD インディケータ 2016 年版　日本─カントリーノート」http://www.oecd.org/education/skills-beyond-school/EAG2016-Japan.pdf。
5　小川正人「少人数学級のさらなる推進に向けて」『クレスコ』129 号、17 ページ、2011 年。
6　例えば国立教育政策研究所「学級規模の及ぼす教育効果に関する研究」

2013 年、福島大学「福島県の『30 人学級編制』に関する考察――県内公立小 1 年担任アンケート調査の分析」2002 年、文部科学省・公立義務教育諸学校の学級規模及び教職員配置の適正化に関する検討会議（中間とりまとめ）「少人数学級の更なる推進等によるきめ細やかで質の高い学びの実現にむけて」2011 年など。

7 2001 年義務標準法改正により明示されたが、それ以前から可能であった。橋口幽美『学級編制のしくみを考える』自治体研究社、2001 年、58 ページ参照。

8 芦部信喜、高橋和之『憲法』岩波書店、2011 年、第 5 版。358 ページ。

9 他にも、福岡県、三重県、沖縄県、大阪府、岡山県などで学習会、講演会を実施していただき、それぞれの地の貴重な情報をいただき、意見交換の中で学ばせていただいた。

10 2017 年 3 月 27 日の義務標準法改正により、学校の児童生徒数等に応じて算定される基礎定数が新たに付け加えられた（第 7 条、第 11 条）。

11 小川正人「県教育委員会における『義務標準法』の運用と教職員配置の実際――ヒヤリング調査報告」2001 年。

12 佐藤三樹太郎『学級規模と教職員定数――その研究と法令の解説』第一法規、1965 年。

13 橋口幽美『本当の 30 人学級を考える』自治体研究社、2003 年。

14 2001（平成 13）年義務標準法改正により可能となった。少人数学級実現を求める声をかわし、習熟度別学級編制に道を開くために新設された制度だった。

15 2011 年 3 月 30 日第 177 回国会衆議院文部科学委員会、鈴木寛文科副大臣の答弁。

16 1958 年 4 月 16 日第 28 回国会衆議院文教委員会、内藤誉三郎文部省初等中等教育局長答弁。「いろいろ自治庁、大蔵省等との折衝をしている間に、標準という言葉に変えてくれということでしたから、標準といたしたわけでございます。」

17 1958 年 4 月 16 日第 28 回衆議院文教委員会。

18 1958年4月22日第28回参議院文教委員会文部省答弁。
19 1958年4月9日第28回衆議院文教委員会、文部省答弁。
20 第151国会衆議院文教科学委員会、2001年3月14日。
21 小川正人「県教育委員会における『義務標準法』の運用と教職員配置の実際」東京大学大学院教育学研究科教育行政学研究室紀要2001年。
22 「国が設定する『従うべき基準』は、条例の内容を直接的に拘束する、必ず適合しなければならない基準であり、当該基準に従う範囲内で地域の実情に応じた内容を定める条例は許容されるものの、異なる内容を定めることは許されないものである。(中略)国が設定する『標準』は、通常よるべき基準である。すなわち、法令の『標準』を通常よるべき基準としつつ、合理的な理由がある範囲内で、地域の実情に応じた『標準』と異なる内容を定めることは許容されるものである。」(地方分権改革推進計画第三次勧告2009年10月7日)。
23 ①土地を購入し、校舎などを建築し、設備を整えるための費用(学校建築費、施設・設備費など)、②学校施設・設備を維持し、教職員の専門的能力を維持・向上させるなど、学校を運営するための費用(地域・学校ごとのニーズを考慮)、③子どもが学校に通学し、学校の教育課程のもと学習活動を行うための費用(教材・備品費、給食費、通学費、部・クラブ活動費、修学旅行費等)等。
24 2002年3月20日参議院文教科学委員会、文科省答弁。
25 2000年6月文科省初等中等教育局財務課説明・高知県教委の出張復命書より。
26 文科省ホームページ「学級編制・教職員定数改善等に関する基礎資料2」より。http://www.mext.go.jp/component/a_menu/education/micro_detail/_icsFiles/afieldfile/2011/07/29/1295041_2.pdf
27 申請数より減らしたり増やしたりしている根拠を記した文書の公開を求めたが、公開されたのは、増減数のみが記入された一覧表だけだった。
28 中央教育審議会教育課程部会資料「教職員定数に関する平成29年度概算要求について」2016年10月26日。

29　職名で統計化されている「学校基本調査報告書」によっては、臨時的任用教員の数をとらえることはできない。「教職員実数調」には任用形態が明示されているため、グラフは、「教職員実数調」によって作成している。
30　再任用制度の実態については、鈴木つや子「再任用教員制度の実施状況と教育的意義」（ゆとりある教育を求め全国の教育条件を調べる会ホームページ）を参照。
31　この場合、「定数外」という言葉が使われることが多い。しかし、45ページで解説したように、教職員の「定数」という言葉が意味するものには3種類あり、混乱をきたしている面がある。「教職員配当基準外」という言葉を使った方が、要求する内容に混乱が起こらないのではないかと考える。
32　2010年12月4日開催「臨時教員制度の改善を求めるシンポジウム」（主催：全日本教職員組合・教組共闘連絡会）で紹介されたもの。
33　臨時教職員の待遇改善運動が進んでいる県では、2級のほぼ同じ給料表が適用されている県もある。
34　東京新聞2013年9月11日付「非正規公務員3人に1人　官製ワーキングプア」。
35　総務省ホームページ「地方公務員の臨時・非常勤職員及び任期付職員の任用等の在り方に関する研究会報告書」2016年12月27日　http://www.soumu.go.jp/main_content/000456446.pdf
36　阿部泰隆著『地方公務員法入門』有斐閣双書、1983年
37　「図表でみる教育：OECDインディケータ2016」。
38　「図表でみる教育：OECDインディケータ2012」。
39　日本経済新聞2017年1月31日付「16年春の公立校教員採用倍率、5.2倍　6年連続で低下」
40　校長、副校長・教頭、主幹教諭・指導教諭、養護主幹教諭、栄養主幹教諭、教諭、養護教諭、栄養教諭、助教諭、養護助教諭、講師、学校栄養職員、事務職員の給料月額総額を総人員数で除して求めた平均月額。辞令面での級号給による給料月額で、給料の調整額、教職調整額は含まない。

41 文科省ホームページ「学級編制・教職員定数改善等に関する基礎資料1」17ページの「公立義務教育諸学校教職員定数改善と自然減の推移」グラフ、文科省予算等から作成。このグラフの2002年度で政策減等がプラスになっている部分についての理由を、筆者が文科省初等中等局財務課定数企画係に電話で尋ねたが「資料が見当たらず不明」という説明であった。http://www.mext.go.jp/component/a_menu/education/micro_detail/__icsFiles/afieldfile/2011/08/05/1295041_1.pdf

42 この場合に求められたのは「自然減を超える純減」ということだった。つまり、加配定数の減を求められた。

43 最近になって財務省がつくっているグラフには、自然減も含めて「純減」と表示されている。

44 財政制度審議会「平成26年度予算の編成等に関する建議」においては「もはや少人数学級の政策効果がないことは明らかになったと言わざるを得ない」と断定していた。33ページ。2013年11月29日。財務省ホームページ。http://www.mof.go.jp/about_mof/councils/fiscal_system_council/sub-of_fiscal_system/report/zaiseia251129/00.pdf。

45 「平成27年度全国学力・学習状況調査に関する実施要領(抜粋)」平成26年12月9日、文部科学事務次官決定。

46 文科省ホームページ「改正後の教育基本法と改正前の教育基本法の英訳(試案)」。http://www.mext.go.jp/b_menu/kihon/data/07080117.htm

47 例えば国立教育政策研究所「学級規模の及ぼす教育効果に関する研究」2013年、福島大学「福島県の『30人学級編制』に関する考察——県内公立小1年担任アンケート調査の分析」2003年など。

48 「図表でみる教育：OECDインディケータ2016」。

49 世取山洋介・福祉国家構想研究会編『公教育の無償性を実現する——教育財政法の再構築』(大月書店、2012年)第8章、石井拓児「教育における公費・私費概念」344ページ。

50 「図表でみる教育：OECDインディケータ2016」。

51 文科省ホームページ「総額裁量制の概要」。http://www.mext.go.jp/a_

menu/shotou/gimukyoiku/outline/001/005.htm
52 これは、大部分の職員の給料を抑えて、一部の特別な手当をつけるといったことを可能とするものであった。それ以前は、手当の限度額を超えた部分については、国庫負担の対象とはならなかった。
53 前掲『公教育の無償性を実現する——教育財政法の再構築』第5章、高橋哲「教員給与の法的仕組みと問題」236ページ。
54 三輪定宣「義務教育費国庫負担法の歴史、現状と課題」(日本教育法学会年報第41号、有斐閣、2012年)、「義務教育費国庫負担金について」http://gimukyoikuhi.blog.so-net.ne.jp/ などを参考にした。
55 石川啄木日記「渋民日記 明治三十九年日誌 八十日間の記」より。http://takubokudiary.higoyomi.com/m39sibutami_80days.htm
56 宮澤孝子「戦後改革期における教育行政組織の設置目的と機能に関する研究——文部省調査普及局と教育委員会調査統計課に着目して」、『教育制度学研究』第23号2016年、83ページ。
57 文科省ホームページ「教育基本法資料室へようこそ!」第4条(義務教育)。http://www.mext.go.jp/b_menu/kihon/about/004/a004_04.htm。
58 内藤誉三郎「教育委員会法の位置」時事通信社編『教育委員会法 解説と資料』時事通信社、1948年、22ページ、35ページ。
59 世取山洋介・福祉国家構想研究会編『教育の無償性を実現する——教育財政法の再構築』大月書店、2012年、最終章。
60 世取山氏は、「子どもが学校に通学し、学校の教育課程のもと学習活動を行うための費用」を「学修費」と表現している。

資料　先生の基礎定数と現実のギャップを調べてみる

　45〜47ページで、教員の定数には種類があるという説明をしました。そして、「(都道府県の)教員配当基準の数値をもっと引き下げれば、基礎定数分として算定される標準定数よりも、教員配当基準により学校に配置する教員数を減らすことができる」(46〜47ページ)と説明しました。

　そこで、ア「教職員標準定数」のうちの教員の基礎定数部分と、それに相当するウ「県費負担教員の学校配当基準」による配当数とのギャップ(アとウの差)は、具体的にはどのくらいなのか、2015(平成27)年度の宮崎県の場合を実学級数によって、計算してみました(なお宮崎県では、小1、小2を30人学級、中1を35人学級としていますが、教員配当基準の計算においては小1のみ35人学級、それ以外は40人のままの「標準学級数」によって決められています)。

次の数字を求めます

○実学級数での教員基礎定数…標準学級ではなく、もしも、実際の学級数によって計算したら、教員の基礎定数は何人になるか？
○「乗ずる数」により計算された値を整数にした場合の差…義務標準法の「乗ずる数」により計算された値を4捨5入して整数値に置き換えて上記の計算をした場合、どのくらいの差が生まれるか？(「乗ずる数」により計算された値を整数化することの実現可能性を探るため)
○実学級数での県配当基準による数(学校規模ごとに基本的に配置される教員数の合計)…標準学級でなく、もしも、実際の学級数によって教員配当基準による数が決められたなら、何人になるか？
○基礎定数ギャップ(実学級数での教員基礎定数－実学級数での県配当基準による教員配置数)…実際の学級数によって計算した場合、教員基礎定数と県配当基準による教員配置数とのギャップは何人か？

図表27 公立小学校の基礎定数ギャップ 計算表 (宮崎県 2015 [平成27] 年度)

			義務標準法第7条1項1号の規定					実学級数により計算した「乗ずる数」で計算した数と、それの四捨五入により整数化した数とのギャップ	標準法の「乗ずる数」で計算した数と、県の配当基準により計算した数とのギャップ（特別支援学級を含めての計算）		県の配当基準（教頭等を除く）		県配当基準による教員配置数	教員基礎定数と教員配置数の比較（教頭等定数分を除く）
学校規模（学級数）	実学級数別学校数	「乗ずる数」	学級数×「乗ずる数」	Dの内教頭定数	Dから教頭を除いた数	Fを4捨5入（試算）	「乗ずる数」による教員基礎定数	四捨五入により整数化して計算			学級数に加える人数	学校規模別基礎配置数		教員基礎定数に対する県配当基礎配置数の比率 M／H
A	B	C	A×C＝D	E	D−E＝F	G	B×(F) 合計 H	B×(G) 合計 K	合計 K − 合計 H ＝	合計 M − 合計 H ＝		L	B×(L) 合計 M	
							3080	3079	−1	−90			2990	97.1%
0学級	5													
1学級	1	1.000	1.000		1.000	1	1.000	1			0人	1	1	
2学級	3	1.000	2.000		2.000	2	6.000	6				2	6	
3学級	25	1.250	3.750		3.750	4	93.750	100				3	75	
4学級	17	1.250	5.000		5.000	5	85.000	85				4	68	
5学級	9	1.200	6.000		6.000	6	54.000	54				5	45	
6学級	17	1.292	7.752	0.75	7.002	7	119.034	119				6	102	
7学級	30	1.264	8.848	0.75	8.098	8	242.940	240			1人	8	240	
8学級	27	1.249	9.992	0.75	9.242	9	249.534	243				9	243	
9学級	3	1.249	11.241	1.00	10.241	10	30.723	30				10	30	

190

学級												
10学級	7	1.234	12.340	1.00	11.340	11	79.380	77	1人	11	77
11学級	2	1.234	13.574	1.00	12.574	13	25.148	26		12	24
12学級	7	1.210	14.520	1.00	13.520	14	94.640	98		13	91
13学級	9	1.210	15.730	1.00	14.730	15	132.570	135		15	135
14学級	7	1.210	16.940	1.00	15.940	16	111.380	112		16	112
15学級	10	1.210	18.150	1.00	17.150	17	171.500	170		17	170
16学級	13	1.200	19.200	1.00	18.200	18	236.600	234		18	234
17学級	7	1.200	20.400	1.00	19.400	19	135.800	133		19	133
18学級	1	1.200	21.600	1.00	20.600	21	20.600	21	2人	20	20
19学級	6	1.170	22.230	1.00	21.230	21	127.380	126		21	126
20学級	0	1.170	23.400	1.00	22.400	22	0.000	0		22	0
21学級	5	1.170	24.570	1.00	23.570	24	117.850	120		23	115
22学級	6	1.165	25.630	1.00	24.630	25	147.780	150		24	144
23学級	5	1.165	26.795	1.00	25.795	26	128.975	130	3人	26	130
24学級	4	1.165	27.960	1.00	26.960	27	107.840	108		27	108
25学級	2	1.155	28.875	1.00	27.875	28	55.750	56		28	56
26学級	5	1.155	30.030	1.00	29.030	29	145.150	145		29	145
27学級	1	1.155	31.185	1.00	30.185	30	30.185	30		30	30
28学級	2	1.150	32.200	1.00	31.200	31	62.400	62		31	62
29学級	3	1.150	33.350	1.00	32.350	32	97.050	96		32	96
30学級	4	1.150	34.500	1.00	33.500	34	134.000	136	4人	34	136
31学級	0	1.140	35.340	1.00	34.340	34	0.000	0		35	0
32学級	1	1.140	36.480	1.00	35.480	36	35.480	36		36	36

資料　先生の基礎定数と現実のギャップを調べてみる

計算の方法

　図表27（190〜191ページ）をご覧ください。A欄は学校の学級数です。宮崎県のこの年度の小学校の最大規模の学校は、32学級でした。

　B欄に実学級数別の学校数を記入します。これは、「学校基本調査報告書」に掲載されています。

　C欄は学校規模ごとの「乗ずる数」です。

　D欄は、学級数×「乗ずる数」で計算した値です。

　E欄は教頭定数です。D欄の数の中に含まれています。

　F欄は、教頭を除く教員の定数分です。D－Eで求めます。

　G欄。Fの値は、小数点以下第3位まであるので、県の配当基準と比較しやすくするために、Fを4捨5入した数を記入します。

　H欄は、義務標準法の「乗ずる数」で教員基礎定数を求めた数です。標準法は、学校規模ごとに計算結果を切り上げるので、誤差が出ますが、近い数値になります。

　K欄は、Fを4捨5入した数（Gの数）で教員基礎定数を求めた数です。

　L欄に、学校への教員配当基準数を記入します。これは、行政文書「教職員配当の基準に関する報告書」で、宮崎県教育委員会が文科省に提出したものから転記しました。

　M欄は、県の配当基準数により求めた教員配置数です。

宮崎県小学校の計算の結果

①実学級数での教員基礎定数は3080人となる。

②「乗ずる数」により計算された値を整数にした場合、3079人となるので、①と比べると1人減ることになる。

③実学級数での県の配当基準による教員配置数は2990人となる。

④ ①で計算した「乗ずる数」による教員基礎定数と比べると、③の県の配当基準による教員配置数の方が90人少ない。

宮崎県小学校の結果分析

- 「乗ずる数」による教員基礎定数に対する県の配当基準による教員配置数を比率でみると、97.1 パーセントですから、約 3 パーセント、県の配当基準数が少なくなると推測できます。
- したがって、現行法のもとでも、県の配当基準を高めることが可能であり、必要であると思われます。
- 宮崎県の場合は学級数に特別支援学級を含めた計算なので、特別支援学級を含めない県（48 ページ参照）のギャップは、大きくなっていると推測されます。
- 以上の結果数値と、現実の（標準学級数で計算された）定数と実数とを、比較すれば、学級増に見合う教員増にするためには、教員をあと何人増やす必要があるかということもわかります。ちなみに宮崎県の場合は、増学級 124 に対して教員基礎定数が 130 人増えることになります。

このように各県ごとの教員配当基準数が義務標準法で算定される教員基礎定数に比べて多いか少ないかを調べることは可能です。都道府県ごとの小中学校の教員配当基準は次ページ以降に掲げておきます。また、実学級数別学校数については、「学校基本調査報告書」で公表されています（ウェブサイトで調べられます）。

※自分の、あるいは他の都道府県の基礎定数ギャップを知りたい方は、「調べる会」ホームページをご覧ください。

2015年度　都道府県ごとの公立小学校教諭等の配当基準

教員基礎定数の四捨五入値（教頭除く）	1	2	4		5	6	7		8	9	10	11	13	14	15
							1人プラス								
学級数	1	2	3	左の特例	4	5	6	左の特例	7	8	9	10	11	12	13
北海道	1	2	3	16人未満は2	4	5	6	101人以上は7	8	9	10	11	12	13	15
青森	1	2	3		4	5	7		8	9	10	11	12	13	14
岩手	1	2	4		4	5	6	90人以上は7	8	9	10	11	12	13	15
宮城	1	2	3		4	5	7		8	9	10	11	12	13	14
秋田	1	2	3		4	5	6		7	9	10	11	12	13	14
山形	1	2	3		4	5	7		8	9	10	11	12	13	14
福島	1	2	3		4	5	6		8	9	10	11	12	13	14
茨城	1	2	4		5	6	7		8	9	10	11	12	13	15
栃木	1	2	4		5	6	7		8	9	10	11	12	13	14
群馬	1	2	3		4	6	7		8	9	10	11	12	13	14
埼玉	1	2	4		5	6	7		8	9	10	11	13	14	15
千葉	2	3	4		5	6	7		8	9	10	11	12	13	15
東京	2	3	4		5	6	8		9	10	11	12	13	14	15
神奈川	2	3	4		5	6	7		8	9	10	11	12	13	15
新潟	1	2	3		4	5	6		8	9	10	11	12	13	14
富山	1	2	3		4	5	6		7	9	10	11	12	13	14
石川	1	2	3		4	5	6	75人以上は7	8	9	10	11	12	14	15
福井	1	2	3		4	5	7		8	9	10	11	12	13	14
山梨	1	1	3		4	5	6		8	9	10	11	12	13	14
長野	1	2	3		4	5	7		8	9	10	11	12	13	14
岐阜	1	2	3		4	6	7		8	9	10	11	12	13	14
静岡	1	2	3		4	5	7		8	9	10	12	13	14	15
愛知	1	2	3		5	6	7		8	9	10	11	12	14	15

（副校長・教頭・主幹教諭・指導教諭・生徒指導担当を除く）

義務標準法に基づく基礎定数値に対する増減　　+1　±0　-1　-2

16	17	18	19	21	21	22	24	25	26	27	28	29	30	31	32	34

14	15	16	17	18	19	20	21	22	23	24	25	26	27	28	29	30
16	17	18	19	20	21	22	23	24		26	27	28	29	30	31	32	33
15	17	18	19	20	21	22	23	24	25	26	27	28		30	31	32	33
17	18	19	20	21	22	23	24	25	26	27	28	29	30	31	32	33
15	17	18	19	20	21	22	23	24	25	26		28	29	29	30	31	32
15	17	18	19	20	21	22	23	24	25	26	27	28	29		31	32	33
15	17	18	19	20	21	22	23	24	25	26		27	29	30	31	32	33
15	17	18	19	20	21	22		24	25	26		27	28	29	30	31	33
16	17	18	19	20	21	22	23	24	25	26		27	28	29	30	31	32
15	17	18	19	20	21	22	23	24	25		27	28	29	30	31	32	33
16	17	18	19	20	21	22	23	24	25		27	28	29	30	31	32	33
16	17	18	19	20	21	22	23	24		26		27	28	29	30	31	32	33
16	17	18	19	20	21	22	23	24	25		27	28	29	30	31	32	33
16	17	18	20	21	22	23	24	25	26	27	28	29	30	31	32	33
16	17	18	19	20	21	22	23	24	25	26	27		29	30	31	32	33
15	16	17	18	19	20	21	22	24	25	26	27	28	29	30	31	32
15	17	18	19	20	21	22	23	24	25	26		27	28	29	30	31	32
16	17	18	19	20	21	22	24	25	26	27	28	29	30	31	32	34
15	17	18	19	20	21	22	23	24		26	27	28	29	30	31	32	33
16	17	18	19	20	21	22	23	24		26	27	28	29	30	31	32	33
16	17	18	19	20	21	22	23	24	25	26		27	29	30	31	32	33
16	17	18	19	20	21	22	23		25	26	27	28	29	30	31	32	34
16	17	18	19	21	22	23	24	25	26	27	28	29	30	31	32	34
16	17	18	19	20	21	22	23		25	26	27	28	29	30	31	32	33

資料　先生の基礎定数と現実のギャップを調べてみる

2015年度　都道府県ごとの公立小学校教諭等の配当基準

教員基礎定数の四捨五入値（教頭除く）	1	2	4	5	6	7	8	9	10	11	13	14	15
					1人プラス								
学級数	1	2	3	左の特例	4	5	6	左の特例	7	8	9	10	11	12	13
三　重	1	2	3		4	5	7		8	9	10	11	12	13	14
滋　賀	1	2	3		4	5	7		8	9	10	11	12	13	14
京　都	1	2	3		4	5	6		8	9	10	11	12	13	14
大　阪	2	3	4		5	6	7		8	9	10	11	12	13	15
兵　庫	1	2	4		5	6	7		8	9	10	11	12	13	15
奈　良	1	3	4		5	5	6		8	9	10	11	12	13	14
和歌山	1	2	3		4	5	6		8	9	10	11	12	13	14
鳥　取	1	2	3		4	5	6		7	9	10	11	12	13	14
島　根	1	2	3		4	5	6		7	9	10	11	12	13	14
岡　山	1	2	3		4	5	6		7	9	10	11	12	13	15
広　島	1	2	2		4	5	6		8	9	10	11	12	13	15
山　口	1	2	3		4	5	6		7	9	10	11	12	13	14
徳　島	1	2	2	27人以上は(+1)	4	5	6		7	8	10	11	12	13	14
香　川	1	2	2	特別支援+1	4	5	6		7	9	10	11	12	13	14
愛　媛	1	2	3	～4	5	6	7		8	10	11	12	13	14	15
高　知	1	2	2		4	5	6		7	8	10	11	12	13	14
福　岡	2	2	4		5	5	7		8	9	10	11	12	13	14
佐　賀	1	2	3		4	6	7		8	9	10	11	12	13	15
長　崎	1	2	3		4	5	7		8	9	10	11	12	13	15
熊　本	1	2	3		4	5	6		8	9	10	11	12	13	14
大　分	1	2	3		4	5	6		8	9	10	11	12	13	15
宮　崎	1	2	3		4	5	6		8	9	10	11	12	13	15
鹿児島	1	2	3		4	5	6		8	9	10	11	12	13	14
沖　縄	1	2	4		5	6	8		9	10	10	11	12	13	14

ゆとりある教育を求め全国の教育条件を調べる会作成（13学級以降の宮城、長野、大分については（出典）「義務教育諸学校の教職員配当の基準に関する報告書(6)」

（副校長・教頭・主幹教諭・指導教諭・生徒指導担当を除く）続き

義務標準法に基づく基礎定数値に対する増減　＋1　±0　−1　−2

16	17	18	19	21	21	22	24	25	26	27	28	29	30	31	32	34

14	15	16	17	18	19	20	21	22	23	24	25	26	27	28	29	30
16	17	18	19	20	21	22	24	25	26	27	28	29	30	31	32	33
16	17	18	19	21	22	23	24	25	26	27	28	29	30	31	32	33
15	16	17	18	19	21	22	23	24	25	26	27	28	29	30	31	33
16	17	18	19	20	21	22	23	25	26	27	28	29	30	31	32	33
16	17	18	19	20	21	22	23	24	26	27	28	29	30	31	32	33
16	17	18	19	20	21	22	24	25	26	27	28	29	30	31	32	33
15	17	18	19	20	21	22	23	24	25	26	27	29	30	31	32	33
15	16	18	19	20	21	22	23	24	25	26	27	28	30	31	32	33
15	17	18	19	20	21	22	23	24	25	26	27	28	30	31	32	33
16	17	18	19	20	21	22	23	24	25	26	27	28	29	30	31	32
16	17	18	19	19	20	21	23	24	25	26	27	28	29	30	31	31
15	17	18	19	20	21	22	23	24	25	26	28	29	30	31	32	33
15	17	18	19	20	21	22	23	24	25	26	27	28	30	31	32	33
15	17	18	19	20	21	21	22	23	24	25	26	27	29	30	31	32
17	18	19	20	21	22	23	24	25	26	28	29	30	31	32	33	35
16	17	18	19	20	21	22	24	25	26	27	28	29	30	31	32
15	17	18	19	20	21	22	23	24	25	26	27	29	30	31	32	34
16	17	18	19	20	21	22	23	24	25	26	27	28	30	31	32	33
16	17	18	19	20	21	22	23	25	26	27	28	29	30	31	33	34
15	16	17	19	20	21	22	23	24	25	26	27	28	29	30	31	32
16	17	18	19	20	21	22	23	24	25	26	28	29	30	31	32
16	17	18	19	20	21	22	23	24	26	27	28	29	30	31	32	34
16	17	18	19	20	21	22	23	24	25	26	27	28	29	30	31	32
15	16	18	19	20	21	22	23	24	25	26	27	29	30	31	32	33

2014 年度報告より、福島、高知、佐賀については 2012 年度報告より作成）

資料　先生の基礎定数と現実のギャップを調べてみる

2015年度 都道府県ごとの公立中学校教諭等の配当基準

義務標準法に

教員基礎定数の四捨五入値（教頭除く）	4	6	8	8	8	10	11	13	15	16	18	18	19	21
学級数	1	2	3	4	5	6	7	8	9	10	11	12	13	14
北海道	2	5	7	7	8	9	11	13	14	16	18	19	20	21
青森	2	4	6	7	9	10	11	12	14	16	17	18	19	20
岩手	3	5	6	7	8	10	11	13	14	16	17	18	19	21
宮城	2	5	7	8	9	10	11	12	14	16	18	19	20	21
秋田	2	5	7	8	9	10	11	13	14	16	17	18	19	20
山形	1	2	5	6	8	9	11	13	14	15	17	18	20	21
福島	3	4	6	7	8	10	11	13	15	16	18	20	20	21
茨城	5	9	9	9	9	11	14	15	15	16	18	18	20	21
栃木	3	5	7	7	8	9	11	13	14	16	18	18	19	21
群馬	2	5	7	7	8	10	11	13	14	16	17	18	19	20
埼玉	3	6	7	8	9	10	12	13	15	16	17	18	20	21
千葉	4	5	7	8	10	11	12	13	15	16	17	18	19	20
東京	4	5	9	9	9	10	12	13	14	15	16	18	19	20
神奈川	3	5	7	8	8	9	11	13	14	16	17	18	19	21
新潟	3	4	6	7	8	9	11	13	14	16	18	19	20	21
富山	3	4	6	8	9	10	12	13	14	16	17	18	20	21
石川	3	5	6	7	8	10	11	13	14	16	17	18	20	21
福井	2	5	6	7	8	9	11	12	14	16	17	18	20	21
山梨	1	4	6	7	8	9	11	13	14	16	17	18	19	21
長野	1	4	7	7	8	9	11	13	14	16	17	18	19	21
岐阜	4	5	6	7	8	9	11	13	14	16	17	18	19	21
静岡	1	4	7	8	8	10	11	12	14	16	17	18	20	21
愛知	4	6	7	8	9	10	11	13	14	16	17	18	19	21

（副校長・教頭・主幹教諭・指導教諭・生徒指導担当を除く）
基づく基礎定数値に対する増減 +3以上 | +2 | +1 | ±0 | −1 | −2 | −3以下

| 22 | 24 | 26 | 27 | 29 | 30 | 32 | 33 | 35 | 36 | 37 | 39 | 40 | 42 | 43 | 45 |

15	16	17	18	19	20	21	22	23	24	25	26	27	28	29	30
23	24	26	27	28	30	32	33	35	36	37	39	40	41	43	45
22	23	25	27	28	30	31	33	34	35	37	38	40	41	43	45
23	24	26	29	30	32	33	34	35	36	38	39	41	42	44	45
23	24	26	28	29	31	32	34	35	35	36	38	39	41	42	44
22	24	25	27	29	31	32	34	35	36	38	39	41	42	44	45
22	24	26	28	29	31	32	34	35	36	38	39	41	42	43	45
23	24	26	28	30	31	33	34	36	36	37	38	40	41	43	44
22	23	25	26	28	29	30	32	33	35	37	38	39	40	42	43
22	24	26	28	29	31	32	34	35	36	38	39	41	42	44	45
22	24	25	26	28	30	31	33	34	35	36	38	39	41	42	44
22	24	25	26	28	29	31	32	34	35	36	38	39	40	42	44
21	23	24	26	28	29	30	32	33	35	36	37	38	40	42	44
22	24	25	26	28	30	32	33	35	36	38	38	40	41	43	44
22	23	25	26	28	30	31	33	34	35	37	39	40	41	42	44
22	24	26	27	28	30	31	33	35	36	37	38	40	41	43	44
23	24	25	27	29	30	32	33	35	36	37	39	40	42	43	44
23	24	26	27	29	30	31	33	35	36	37	39	40	41	43	45
23	24	26	27	29	30	32	33	35	36	37	38	40	41	43	44
22	24	25	27	28	30	31	33	34	35	37	38	40	41	43	44
22	23	25	27	29	30	31	33	34	35	37	39	40	41	43	44
23	24	26	28	30	31	32	34	35	36	38	39	41	42	44	46
22	24	25	26	28	29	31	33	34	35	36	38	39	41	42	44
22	24	26	28	30	31	32	34	35	36	38	40	41	42	44	46

2015年度　都道府県ごとの公立中学校教諭等の配当基準

義務標準法に

教員基礎定数の四捨五入値（教頭除く）	4	6	8	8	8	10	11	13	15	16	18	18	19	21
学級数	1	2	3	4	5	6	7	8	9	10	11	12	13	14
三重	2	5	6	7	8	10	11	13	14	16	18	19	21	22
滋賀	2	4	6	7	9	11	12	13	14	16	17	18	20	21
京都	2	4	6	7	8	9	11	12	14	16	17	18	19	20
大阪	3	5	7	8	9	11	12	13	15	16	17	19	20	21
兵庫	1	4	7	7	8	9	11	13	14	16	17	18	19	21
奈良	3	5	7	7	8	9	11	12	14	16	17	18	19	21
和歌山	3	5	6	7	8	9	10	12	14	16	17	18	19	21
鳥取			6	7	8	9	11	12	14	16	17	18	19	20
島根	2	4	6	7	8	9	11	12	14	16	17	18	19	20
岡山	1	4	6	7	8	9	11	12	14	16	17	18	19	21
広島	4	5	7	7	8	9	11	13	14	16	17	18	19	21
山口	2	4	6	7	8	9	11	12	14	15	17	18	19	21
徳島	2	4	6	7	8	9	11	12	14	16	17	18	19	20
香川	3	4	6	7	8	9	11	12	14	16	17	18	18	19
愛媛	3	4~5	7	8	8	10	12	13	15	17	18	19	20	22
高知	3	4	7	7	8	9	11	12	14	16	17	18	20	21
福岡	5	7	7	7	9	10	11	13	14	16	17	18	19	20
佐賀	3	5	7	7	8	10	11	13	14	16	17	18	19	21
長崎	4	5	7	8	8	10	11	13	15	16	17	18	19	21
熊本	2	4	8	8	8	9	11	13	15	16	17	18	19	20
大分	2	4	6	7	7	9	11	13	14	16	17	18	19	20
宮崎	3	5	6	7	8	9	11	13	14	16	17	18	19	21
鹿児島	3	5	6	7	8	9	11	13	14	16	17	18	19	21
沖縄	3	5	8	9	10	10	11	13	14	16	18	19	20	21

ゆとりある教育を求め全国の教育条件を調べる会作成（13学級以降の宮城、長野、大分については
（出典）「義務教育諸学校の教職員配当の基準に関する報告書(6)」

（副校長・教頭・主幹教諭・指導教諭・生徒指導担当を除く）続き

基づく基礎定数値に対する増減　+3以上　+2　+1　±0　-1　-2　-3以下

22	24	26	27	29	30	32	33	35	36	37	39	40	42	43	45

15	16	17	18	19	20	21	22	23	24	25	26	27	28	29	30
24	26	27	29	30	32	33	34	35	37	39	40	41	43	45	46
23	24	26	27	29	30	32	33	34	35	36	38	39	41	42	44
22	23	25	27	29	31	32	34	35	37	38	40	41	43	44	47
23	24	26	27	29	30	32	34	35	36	38	39	41	42	44	45
22	24	26	27	29	30	31	33	34	35	37	39	40	41	43	45
22	24	25	27	29	31	32	34	36	37	38	40	41	42	44	46
23	24	25	26	28	29	31	32	34	35	37	38	39	41	42	44
22	23	25	26	28	30	31	33	34	35	37	38	39	41	42	44
22	23	25	27	28	30	31	33	34	35	36	38	39	41	42	44
22	24	25	25	27	29	30	32	33	34	36	37	39	40	42	43
21	23	25	26	27	29	30	32	33	34	36	37	39	40	42	43
22	24	26	27	29	30	32	33	35	36	38	39	40	41	43	44
22	23	25	27	29	31	32	34	35	36	38	39	41	42	44	45
21	22	24	26	27	29	30	32	33	34	36	37	39	40	42	43
23	25	26	28	30	32	33	35	36	37	39	40	42	43	44	46
23	24	26	28	30	31	33	34	36	35	37	39	40	41	43	45
22	23	25	27	28	30	31	33	34	35	37	38	39	42	44	45
22	24	26	27	28	30	31	33	34	35						
23	24	26	28	30	31	32	34	36	37	39	40	42	43	45	46
22	23	25	27	29	31	32	34	35	36	38	39	41	42	44	45
22	23	25	27	29	30	32	34	35	35	36	37	40	41	43	45
23	24	26	27	29	30	31	33	35	36	37	38	40	41	43	45
22	24	25	27	29	30	32	33	35	36	37	38	40	41	43	44
22	24	26	27	29	30	32	33	35	36	37	38	40	41	43	44

2014年度報告、福島、高知、佐賀については2012年度報告より作成）

あとがき──「調べる会」のこれまでとこれから

　本書は、「ゆとりある教育を求め全国の教育条件を調べる会」（以下「調べる会」）として発行した『本当の 30 人学級は実現したのか？　広がる格差と増え続ける臨時教職員』（2010 年、自治体研究社）に続く、2 冊目の本です。「調べる会」の前身であった「学級定員を減らしゆとりある教育を求める会」が発行した『30 人学級実現のために　学級編制のしくみを考える』（2001 年、自治体研究社）、『本当の 30 人学級を考える　知っておきたい先生の配置のしくみ』（2003 年、自治体研究社）の 2 冊を含めると 4 冊目となります。

　「調べる会」は、2005 年結成以来、文部科学省と各都道府県教育委員会の間でやりとりされている義務教育費国庫負担金に関する報告書などを、情報公開請求して手に入れ、そのデータを読み取りながら、全国の学級編制の状況や教職員定数・実数、配置の様子などを調査、研究してきました。情報公開請求にあたっては、2009 年から全日本教職員組合の協力もいただいています。

　「調べる会」の活動は、なかなか根気のいる作業で思うに任せない所もあるのですが、12 年間、たくさんの方々のご協力を得て活動を続けてきました。特に、学級編制に関わる義務標準法は、単純なようでいて、読み解くのは難しいと感じます。法律の言葉になじみがない者としては、頭をかかえてしまうこともしばしばです。教育学や法学の研究者の方々のご指導も受けながら、そしてなんといっても、実際の学級編制事務や教職員給与費の計算のための報告書類を読みときながら、法律の内容を学んできました。

　調査研究の成果については、ホームページやフェイスブックページに公開するとともに、パンフレットを作成しています。（パンフレットについては、205 〜 206 ページの一覧をご覧ください）そして、全国各地で学習会や講演会などを行い、現地の方たちと学び合うことによって、それまでわからなかった様々なことがわかってきました。会員・賛助会員は、北海道・福島・埼

玉・千葉・東京・新潟・岐阜・愛知・京都・奈良・広島・岡山・徳島・高知・福岡・宮崎・沖縄まで広がり、延べ50人を超えています。まだまだわからないことも多いのですが、今の時点でわかってきたことをまとめようと考えて作成したのが本書です。

　本書は、事務局長の山﨑洋介が執筆した原案を会員によって検討し、小宮幸夫、橋口幽美、今福志枝、鈴木つや子、宮澤孝子らが参加した三度にわたる合宿による検討会を経て、第七次案まで加筆、修正を加え、完成しました。出版にあたっては、久冨善之先生（一橋大名誉教授）に、編集にあたっては、新日本出版社の角田真己さんに、大変お世話になりました。感謝申し上げます。

　ゆとりある教育の実現のため、少人数学級制の実施・拡大は、教育現場の悲願であり、国民世論です。しかし、教育予算の抑制を基本の政策としている政府は、なんとかして、この要求をはぐらかそうとしてきました。そして、国も自治体も、さまざまな「やりくり」による安上がりな教育行政を実施してきた結果、本書で指摘したような様々な矛盾が教育現場に現れています。

　「調べる会」は、調査研究を通して、現行の少人数学級制度をより改善し、教育現場に教職員と教育費を増やすとりくみを再構築するためにはどうしたらよいのか、教育条件改善を願う人々と共に考えていきたいと思います。本書が、各地域での実態や運動を交流しながら議論をすすめ、この国の教育の未来を共にひらいていくための一助となることを願っています。

　本書ではあまり触れられなかったのですが、少子化の進行と財政危機に伴う学校統廃合の急速な推進政策も大きな問題です。その学校統廃合の１つの形として進められている小中一貫校化と義務教育学校の制度化（2016年）は、従来の学校の姿を大きく変えてしまおうとしています。また、2017年度より始められた県費負担教職員の給与等の負担の政令指定都市への移管が、給与費や定数などにどのように影響してくるのかも注目されます。県費負担教職員制度の廃止につながりかねない大きな政策変更ですので、今後の検討課

題としたいと思います。

　そして、「調べる会」は、これまで進めてきた各地の教育条件の実態の調査研究をもとに、本書の最終章で示した教育条件基準法の具体的なあり方を研究し、その草案を提起したいと考えています。しかし、それらのとりくみは、私たちの力量では困難で、幅広い研究と運動の共同がどうしても必要です。

　私たちは、全国各地で子育て・教育に奮闘されている方々に、「教育条件基準法の草案づくり」を呼びかけたいと思います。子どもにとって必要不可欠な具体的な教育条件の研究と国民的合意形成、その財政保障制度の研究と実現のための運動を交流し、幅広い共同によって新しい日本の教育条件整備法制を創りあげましょう。

　2017年8月

著者

「調べる会」が 2009 年 8 月以降に発行したパンフレット

（すべて 500 円。募金を含む）

No.15　地方裁量少人数学級制の現状と問題点　義務教育費国庫負担制度における総額裁量制の運用実態（山﨑洋介著、2010 年 5 月 29 日）

No.16　2001 年義務標準法改正と 2006 年国庫負担率縮減との関係　自治体財政の中の教育予算は実際のところ、どうなっているのだろうか？（橋口幽美著、2010 年 5 月 29 日）

No.17　臨時教職員はなぜ増やされているのか　本当の 30 人学級実現こそ臨時教職員問題解決の道（山﨑洋介著、2011 年 7 月 15 日）

No.18　学校事務職員の定数と実数ほか（2011 年 8 月 1 日）

No.19　2011 年義務標準法改正の問題点（山﨑洋介著、2011 年 9 月 10 日）

No.20　義務標準法の役割と 2011 年改正以降の教員配置の実態（橋口幽美著、2011 年 9 月 10 日）

No.21　2011（平成 23）年度公立小中学校　特別支援学校　教職員の実数・定数・加配（2012 年 5 月 24 日）

No.22　2011（平成 23）年度　学級編制基準日と教職員配置基準（2012 年 7 月 15 日）

No.23 ①　2010（平成 22）年度公立小中学校　教職員の実数・定数・加配（2012 年 10 月 22 日）

No.23 ②　2010（平成 22）年度特別支援学校　教職員の実数・定数・加配（2012 年 10 月 22 日）

No.24　2010（平成 22）年度教職員給与　決算と総額　申請と配当と実績（2012 年 10 月 22 日）

No.25　調査活動の手引き　情報公開請求〜開示方法の申し出　公開された文書の見本（北海道の例）（2012 年 7 月 15 日）

No.26　再任用教員制度の実施状況と「教育的意義」（鈴木つや子著、2015 年 1 月 10 日）

No.27 ①　2012（平成 24）年度公立小中学校　教職員の実数・定数・加配

（2015 年 3 月 10 日）

No.27 ②　2012（平成 24）年度特別支援学校　教職員の実数・定数・加配（2015 年 3 月 10 日）

No.28　2011（平成 23）年度教職員給与　決算と総額　申請と配当と実績（2015 年 9 月 23 日）

No.29 ①、②、③　（2010 年度）各県の教育条件総括表　学級編制基準等と独自増学級数、教職員の定数と実数、結果としての県単ほか（2015 年 5 月 22 日）、①北海道～三重県、②滋賀県～沖縄県、③付録：全国一覧表

No.30 ①　2010（平成 22）各県の教育条件総括表　宮崎県のシートを読み取る（橋口幽美著、2015 年 12 月 17 日）

No.30 ②　2010（平成 22）各県の教育条件総括表　全国データ一覧表（記入用紙付き）（2015 年 12 月 17 日）

No.31　2011（平成 23）各県の教育条件総括表　全国データ一覧表（2016 年 1 月 28 日）

No.32　地方裁量少人数学級の方法　2010（平成 22）年度　全国一覧・並べ替え・クロス集計（2016 年 8 月 13 日）

No.33　学級数に応じて配置すべき教員数の算定　義務標準法第 7 条第 1 項 1 号の「乗ずる数」の構成要素と改善方法（橋口幽美著、2017 年 5 月 6 日）

No.34　公立小中学校の教員定数　義務標準法の教員基礎定数と各県教員配当基準とのギャップを計算する（2017 年 5 月 27 日）

No.35　2015（平成 27）年度　公立小中学校の学級編制基準・教員配当基準（2017 年 8 月 17 日）

※ご希望の方は本書奥付に記したウェブサイトから電子メールでお申し込みください。

山﨑洋介（やまざき・ようすけ）

1962年三重県生まれ。奈良教育大学卒業。奈良市立小学校教諭。「ゆとりある教育を求め全国の教育条件を調べる会」事務局長。著書に『本当の30人学級は実現したのか？』（自治体研究社、2010年）。共著に『教育法の現代的争点』（法律文化社、2014年）、『新しい時代の地方自治像と財政』（自治体研究社、2014年）、『公教育の無償性を実現する』（大月書店、2012年）など。

ゆとりある教育を求め全国の教育条件を調べる会

2005年結成。小宮幸夫会長。日本の教育条件改善のために、文科省に情報公開請求して手に入れた義務教育費国庫負担金に関する公文書のデータを分析し、学級編制や教職員配置等について調査・研究している。会のウェブサイトは http://www.yutoriarukyouikujouken.com/

いま学校に必要なのは人と予算——少人数学級を考える

2017年9月30日 初 版

著　者　山﨑洋介
　　　　ゆとりある教育を求め
　　　　全国の教育条件を調べる会

発行者　田　所　　稔

郵便番号　151-0051　東京都渋谷区千駄ヶ谷4-25-6
発行所　株式会社　新日本出版社
　　　　電話　03（3423）8402（営業）
　　　　　　　03（3423）9323（編集）
　　　　info@shinnihon-net.co.jp
　　　　www.shinnihon-net.co.jp
　　　　振替番号　00130-0-13681
印刷　亨有堂印刷所　製本　光陽メディア

落丁・乱丁がありましたらおとりかえいたします。
©Yousuke Yamazaki 2017
ISBN978-4-406-06157-5　C0037　Printed in Japan

Ⓡ〈日本複製権センター委託出版物〉
本書を無断で複写複製（コピー）することは、著作権法上の例外を除き、禁じられています。本書をコピーされる場合は、事前に日本複製権センター（03-3401-2382）の許諾を受けてください。